한 번 봐도 두 번 외운 효과! 두뇌 자극 한자 책

KB168413

바쁜

초등학생을 위한

빠른 급수 한자

6급 3권

군사가 수레를 옮기며 달리는 '옮길 운'

運

이지스에듀

저자 소개

김정미 선생님은 서울 교대에서 초등교육을 전공하고, 올해로 20년째 교단을 지키고 있는 선생님이다. 남편 강민 선생님과 함께 《우리집은 한자 창의력 놀이터》, 《한자 무작정 따라하기》 등을 집필하였다.

어원을 그림으로 그려 설명하고 획순에 이야기를 담아 어린 아이들도 한자를 쉽게 익히고 급수를 딸 수 있도록 《바쁜 초등학생을 위한 빠른 급수 한자-8급》 등 바빠 급수 한자 시리즈를 공동 집필하였다.

강민 선생님은 서울대 인문대를 졸업한 후, 컴퓨터 프로그래머로 일하며 한자를 좋아하여 관심을 두다가, 18년 전 첫 아이 태교를 하면서 본격적으로 한자의 모양과 소리와 뜻을 파헤치기 시작했다. 부인 김정미 선생님과 함께 《우리집은 한자 창의력 놀이터》, 《한자 무작정 따라하기》 등을 출간했다. 한자가 쉽게 외워지는 세 박자 풀이말을 고안해 어려운 한자도 노래하듯 풀이말을 읽으면 척척 써낼 수 있도록 하였다.

지금은 LEGO 에듀케이션 공식인증러닝센터 CiC에듀(분당 서현 www.cicedu.co.kr)를 운영하고 있다.

'바빠 급수 한자' 시리즈

바쁜 초등학생을 위한 빠른 급수 한자 – 6급 3권

초판 8쇄 발행 2025년 1월 22일
지은이 김정미, 강민
발행인 이지연
펴낸곳 이지스퍼블리싱(주)
출판사 등록번호 제313-2010-123호
주소 서울시 마포구 잔다리로 109 이지스 빌딩 5층
대표전화 02-325-1722   이메일 service@easyspub.co.kr   팩스 02-326-1723

기획 및 책임 편집 정지연, 이지혜, 박지연, 김현주   교정 교열 김혜영   일러스트 김학수
표지 및 내지 디자인 트인글터   전산편집 트인글터   인쇄 보광문화사
영업 및 문의 이주동, 김요한(support@easyspub.co.kr)   마케팅 라혜주   독자 지원 박애림, 김수경

ISBN 979-11-88612-11-6 64710
ISBN 979-11-87370-27-7(세트)
가격 9,000원

• **이지스에듀**는 이지스퍼블리싱(주)의 교육 브랜드입니다.
이곳에 방문하시면 교육 정보도 얻고 다양한 이벤트에 참여하실 수 있습니다.

이지스퍼블리싱 홈페이지 www.easyspub.com   이지스에듀 카페 www.easysedu.co.kr
바빠 아지트 블로그 blog.naver.com/easyspub   페이스북 www.facebook.com/easyspub2014

한 번 봐도 두 번 외운 효과! 30일이면 6급 시험 준비 끝!

한자는 모든 공부의 바탕입니다.

교과서에 나오는 학습 용어의 90% 이상이 한자어입니다. 학년이 올라갈수록 한자를 모르면 교과서를 이해하기가 점점 어려워집니다. 예를 들어, 수학 교과서에는 '직선'과 '반직선'이 나옵니다. '직선(直線)'은 곧게 뻗은 선이고, '반직선(半直線)'은 '반(半)'이 '절반 반'이므로 양방향으로 길게 뻗은 직선의 반, 즉 한 방향으로만 곧게 뻗은 선을 말합니다. 이처럼 한자를 익히면 어려운 수학 용어도 쉽게 기억할 수 있습니다. 주요 과목을 공부하기 전에 필수 한자를 먼저 공부해 보세요! 학습 용어 이해력이 높아져, 이후 모든 과목의 공부에 큰 도움이 됩니다.

급수 시험은 한자 공부에 집중할 수 있는 좋은 계기입니다.

학습의 바탕이 되는 이 한자를 어떻게 공부하면 좋을까요? 어디부터 시작해야 할지 막연하다면 한자 급수 시험을 계기로 공부해 보세요.

〈바빠 급수 한자 - 6급〉은 6급 시험에 새로 나오는 한자 150자를 다뤘습니다. 6급 시험에는 8·7급 한자도 나옵니다. 그래서 이 책의 문제는 8·7급 한자가 녹아 있는 문장으로 구성했습니다. 8급과 7급 한자를 전혀 모른다면 바빠 급수 한자 시리즈 8급, 7급 1·2권을 먼저 공부한 후 6급 시험을 준비하는 게 좋습니다.

6급 한자까지 배우면 초등 교과 공부의 바탕이 되는 기초 한자 300자를 배운 셈이 됩니다. 8·7급 150자, 6급에 새로 나오는 한자 150자를 모두 익히면 초등 교과서 용어를 대부분 이해할 수 있습니다.

한자 학습의 지루함과 암기의 어려움을 해결하는 6가지 방법

그런데 문제가 있습니다. 한자도 공부인지라 지겹다는 것과 또 하나는 힘들게 공부해도 다음 날이면 잊어버린다는 겁니다. 이를 해결하기 위해 연구에 연구를 거듭한 결과물이 바로 이 책입니다.

1. 한자의 획을 그림으로 구현

이 책은 '한자의 획'을 '그림의 선'으로 그려, 그림을 몇 번 보면 한자를 쉽게 익힐 수 있습니다. 이와 같은 방법으로 익히면 한자를 읽을 때 자연스럽게 그림과 함께 한자의 뜻을 떠올릴 수 있습니다.

2. 암기 효과를 2배로 높여 주는 '세 박자 풀이말'!

한 획 한 획을 쓸 때 운율이 있는 풀이말을 붙여 놓아 이야기를 기억하면 한자가 자연스럽게 써집니다. '뚜껑을 그릇에 덮어 합할 합(合)'처럼 한자마다 풀이말을 붙여 외우면 기억에 오래 남습니다.

3. 물방울에 지워진 한자를 살려내듯 기억에 오래 남는 한자 쓰기

베껴 쓰듯 공부하면 머리에는 남지 않고 손만 아픈 공부 노동이 됩니다. 인지 학습 분야 전문가의 말에 따르면 학습에 적정한 어려움이 있을 때 기억에 오래 남는다고 합니다. 이 책은 물방울 모양이 적정한 어려움으로 작용해, 학습자의 뇌리에 학습한 한자가 오래 남습니다.

4. 교과서 문장으로 다시 한 번 확인하여 어휘력 향상까지!

외운 한자를 교과서 문장을 통해 확인해 보세요. 교과서에서 본 용어와 일상적으로 쓰는 어휘에서 한자를 발견하고, 한자를 통해 어려운 개념을 더 쉽게 이해할 수 있습니다.

5. 망각하기 전에 다시 기억하도록 복습 단계 구성!

앞에서 배운 한자가 다음 과에 나와 복습이 저절로 되도록 구성하였습니다. 이런 과정이 반복되어야 뇌에서는 단기 기억을 장기 기억으로 바꿉니다. 특히, 총정리 01~05는 다섯 과를 학습할 때마다 복습하도록 짜여 있어서 다섯 과에서 공부한 한자는 반드시 기억할 수 있도록 했습니다.

6. 빈출! 유의어와 반의어, 사자성어 및 모의시험 2회 수록

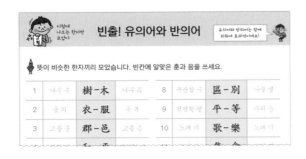

'유의어와 반의어', '사자성어'는 시험에 자주 나온 순서대로 학습하도록 설계되어 공부시간 대비 효율이 높습니다. 또한 실제 기출 수준의 문제 2회가 수록되어 있어 자신의 실력을 확인하고 보완할 수 있습니다.

한자능력검정시험을 보기 전에 알아 두면 좋아요!

1. 시험 일정은?

보통 2월, 5월, 8월, 11월 넷째 주 토요일에 실시합니다. 교육급수 시험(4급~8급)의 시험 시간은 오전 11시, 공인급수 시험(특급~3급Ⅱ)은 오후 3시로 서로 다릅니다. 또한 매년 시험 날짜가 바뀔 수 있으므로 반드시 한국어문회 홈페이지(www.hanja.re.kr)에서 확인해야 합니다.

2. 6급과 6급Ⅱ는 다른가요?

한자능력검정시험은 교육급수(4급~8급)와 공인급수(특급~3급Ⅱ)로 나뉩니다.

교육급수에 해당하는 6급과 6급Ⅱ는 각각 별도의 급수입니다. 급수Ⅱ는 상위 급수와 하위 급수 배정한자 수의 차이를 줄이기 위한 급수입니다.

6급Ⅱ와 6급 배정 한자에는 8, 7급 배정 한자 150자가 포함되어 있습니다. 모든 급수 한자는 아래 급수에서 배운 한자를 포함합니다.

급수	읽기	쓰기
8급	50	0
7급Ⅱ	100	0
7급	150	0
6급Ⅱ	225	50
6급	300	150
5급Ⅱ	400	225
5급	500	300
4급Ⅱ	750	400
4급	1,000	500

3. 어떤 유형의 문제가 나오나요?

6급은 한자의 소리(음)를 묻는 독음 문제와 한자의 뜻과 소리를 동시에 묻는 훈음 문제가 60%입니다. (90문항 중 55문항)

8, 7급과는 달리 6급에서는 한자어 쓰기가 20문제나 출제됩니다. 한자어 쓰기 문제는 8, 7급 배정한자 150자에서 출제되므로 본문 학습 외에 별도 학습이 반드시 필요합니다.

이 외에 반의어, 한자어 완성, 동의어, 동음이의어, 뜻풀이, 필순 문제가 총 15문제 출제됩니다.

6급Ⅱ는 6급과 비슷하나 훈음 문제의 비중이 6급에 비해 많고 한자어 쓰기 문제의 부담이 다소 적습니다.

유형	8급	7급Ⅱ	7급	6급Ⅱ	6급
독음	24	22	32	32	33
훈음	24	30	30	29	22
반의어	0	2	2	2	3
완성형	0	2	2	2	3
유의어	0	0	0	0	2
동음이의어	0	0	0	0	0
뜻풀이	0	2	2	2	2
한자 쓰기	0	0	0	10	20
필순	2	2	2	3	3

4. 시험 시간 및 문항 수는 어떻게 되나요?

시험 시간은 50분이고, 합격 기준은 70점 이상입니다. 즉, 6급은 총 90문항 중 63문항, 6급Ⅱ는 총 80문항 중 56문항 이상 맞히면 합격입니다.

급수	출제 문항	합격 문항
8급	50	35
7급Ⅱ	60	42
7급	70	49
6급Ⅱ	80	56
6급	90	63
5급Ⅱ·5급·4급Ⅱ·4급	100	70

 **목차**　바쁜 초등학생을 위한 빠른 급수 한자 - 6급 3권

준비 운동 한자를 쓰는 순서, 필순을 알면 쉽다!　　　　　　　　　　　8

01 옷깃 옷소매 옷자락 **옷 衣**, 털 있는 옷의 겉쪽 **겉 表**　　　　　　10
02 옷 늘어뜨리며 멀리 가는 **멀 遠**, 울타리 두르고 노니는 **동산 園**　　13
03 실이 흰 물처럼 뻗은 **줄 線**, 아들이 대 이어 낳은 **손자 孫**　　　16
04 뚜껑을 그릇에 덮어 합할 **合**, 떡시루 얹고 사람이 모일 **會**　　　19
05 뚜껑을 이제 막 덮는 **이제 今**, 한곳에 물건 쌓아 **구분할 區**　　　22
총정리 01 01~05과 복습　　　　　　　　　　　　　　　　　　　25

06 다락집 기둥 받친 **서울 京**, 다락집이 성벽 위에 **높을 高**　　　　29
07 연기가 창문 위로 **향할 向**, 연기가 피어오르는 흙집 **집 堂**　　　32
08 큰 집에서 여럿이 앉는 **자리 席**, 큰 집에서 헤아리는 **법도 度**　　35
09 제단에 흙덩이처럼 **모일 社**, 제단에 번개처럼 내리는 **귀신 神**　　38
10 제단에 음식 올리는 **예도 禮**, 뼈에 살이 불룩한 **몸 體**　　　　　41
총정리 02 06~10과 복습　　　　　　　　　　　　　　　　　　　44

11 화살 줄을 당기는 **대신할 代**, 화살 만드는 방법 **법 式**　　　　　48
12 창 내리쳐 **이룰 成**, 창 내리치며 마음으로 **느낄 感**　　　　　　　51
13 돌멩이 창 들고 싸우는 **싸움 戰**, 배에서 두 손 잡고 싸워 **이길 勝**　54
14 양쪽으로 갈라 **나눌 分**, 뼈마디를 칼로 나눠 **나눌 別**　　　　　　57
15 쇠고랑에서 풀려나 **다행 幸**, 형틀과 머리털 **모양 形**　　　　　　60
총정리 03 11~15과 복습　　　　　　　　　　　　　　　　　　　63

16 울타리 엮어 **쓸 用**, 머리 솟구치며 큰길 꿰뚫어 **통할 通**　　　　67
17 발 위로 솟구쳐 **날랠 勇**, 손도끼로 힘써 세운 **공 功**　　　　　　70
18 큰턱 가진 사슴벌레처럼 **강할 強**, 몸 구부려 일어나는 **차례 第**　　73
19 깃발 들고 막대로 흩어 **놓을 放**, 깃발 들고 화살처럼 모인 **겨레 族**　76
20 북틀 기둥 세우는 **업 業**, 북틀 기둥 잡고 **대할 對**　　　　　　　79
총정리 04 16~20과 복습　　　　　　　　　　　　　　　　　　　82

21 문에 귀 대고 **들을 聞**, 빗장을 두 손으로 **열 開**　　　　　　　　86
22 큰길에서 절에 가려고 **기다릴 待**, 소가 절에서 **특별할 特**　　　　89
23 대나무 무리 지어 자라는 **무리 等**, 군사가 수레 옮길 **運**　　　　92
24 살펴 덜어내는 **살필 省**, 물속에 고깃덩이가 **사라질 消**　　　　　95
25 흰 방울 매달아 **즐길 樂**, 약초 먹고 즐기는 **약 藥**　　　　　　　98
총정리 05 21~25과 복습　　　　　　　　　　　　　　　　　　　101

부록 빈출! 유의어와 반의어, 사자성어　　　　　　　　　　　　105
부록 6급 한자 모의시험 문제지　　　　　　　　　　　　　　　108
정답　　　　　　　　　　　　　　　　　　　　　　　　　　　116
부록 6급 한자 모의시험 답안지　　　　　　　　　　　　　　　119

나만의 6급 한자 3권 공부 일정표

목표 진도 _____ 일

• 공부를 끝낸 후, 배운 한자를 쓰면서 정리해 보세요.

날짜	배운 한자 쓰기	날짜	배운 한자 쓰기
/	衣	/	
/		/	
/		/	
/		/	
/		/	
/		/	
/		/	
/		/	
/		/	
/		/	

'바빠 급수 한자 6급' 1, 2, 3권을 한 권에 10일씩, 30일만 공부하면 6급 자격증을 딸 수 있어요.

3권 공부 계획을 세워 보세요.

시험이 코 앞! 집중하면 10일 안에 끝낼 수 있어요. **3과씩** 공부하세요.	**10일** 완성
6급 시험을 차근차근 준비하고 싶나요? **하루 2과씩** 15일 안에 공부하세요!	**15일** 완성
하루에 1과씩 한자를 공부하세요. 공부 습관을 만들며 시험을 준비해 보세요!	**30일** 완성

한자를 쓰는 순서, 필순을 알면 쉽다!

필순을 왜 공부해야 할까?

처음 한자를 공부하면 한자를 쓰는 일이 어렵게 느껴집니다. 한글과는 달리 일정한 규칙이 없는 것처럼 느껴지니까요. 하지만 한자도 쓰는 규칙이 있습니다. 필순은 붓(筆)으로 획을 쓰는 순서(順)를 말합니다. 오랜 세월 한자를 쓰는 동안 자연스럽게 필순이 정해졌습니다. 한글보다 획이 많은 한자는 필순에 맞게 써야 쓰기도 편하고 글자 모양도 아름답습니다.

필순의 7가지 규칙

이 책에서는 기본 규칙을 7가지로 정리했습니다. 필순을 외우려고 애쓰기보다는 앞으로 배울 한자를 자연스럽게 쓰기 위해 가볍게 살펴보는 정도로 학습하면 됩니다. 바빠 6급 한자 속 풀이말을 따라 공부하면 자연스럽게 필순을 익힐 수 있습니다.

1. 가로획과 세로획이 만날 때는 가로획을 먼저 씁니다.

예 古(예 고), 苦(쓸 고), 共(한가지 공)

2. 口(입 구)와 비슷한 한자는 몸(冂)을 먼저 쓰고 안은 나중에 씁니다.

예 圖(그림 도)

3. 亅(갈고리)가 글자의 한가운데 오면 갈고리 모양을 맨 먼저 씁니다.

예 小(작을 소)

4. 양쪽 점을 먼저 씁니다.

| 火 불화 | ①`、 、、`② 丷 火 |

5. ㇏(오른점삐침)은 오른쪽 위에서 왼쪽 아래로 내려 긋습니다.

| 死 죽을 사 | 一 厂 歹 歹 死 死 |

6. ノ(삐침)을 먼저 쓰고 ㇏(파임)을 나중에 씁니다.

| 交 사귈 교 | 、 亠 六 六 亦 交 |

⠀예⠀ 敎(가르칠 교), 校(학교 교)

7. 글자 가운데를 뚫고 지나가는 획은 마지막에 씁니다.

| 中 가운데 중 | 丨 冂 口 口 中 |

⠀예⠀ 軍(군사 군), 半(반 반)

이 외에도 '위에서 아래로 쓴다', '왼쪽에서 오른쪽으로 쓴다'는 규칙이 있으나 자연스럽게 익힐 수 있으므로 다루지 않았습니다. 또한, 필순에 예외가 많으므로 한자를 쓰는 기본 규칙을 알아 두는 정도로 학습하는 것이 좋습니다. 본격적인 한자 학습 시에는 풀이말로 한자를 외우는 방법이 효과적입니다.

필순 퀴즈

다음 한자는 어떤 순서로 쓸까요?

| 古 | ① 一 十 古 古 古 |
| | ② 丨 十 古 古 古 |

① 日8

옷깃 옷소매 옷자락 옷 衣, 털 있는 옷의 겉쪽 겉 表

옷 의

겉 표

옷 의는 옷깃(亠)과 소매와
옷자락을(K) 그려 옷을 가리켜요.

겉 표는 털 있는(二) 옷을(衣) 그린 글자예요.
털은 옷의 겉에 있어요.

 풀이말을 큰 소리로 읽으며 획을 따라 쓰세요.

 따라 써 봐!

衣	衣	衣	衣	衣
옷깃에	왼 소매 옷자락	오른 소매 옷자락	옷 의	옷 ☐

表	表	表	表
털 있는	옷의 털 달린 겉쪽	겉 표	겉 ☐

 表(겉 표)는 二(털) + 衣(옷 의)로 봐서 '털 달린 겉옷'으로 알아 두세요.
　　유의어 衣(옷 의) 一 服(옷 복)

물방울 ⬤ 에 가려진 한자를 필순에 맞게 쓰고, 빈칸에 알맞은 훈과 음을 쓰세요.

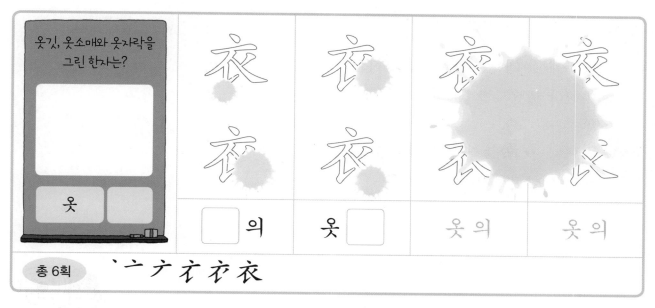

옷깃, 옷소매와 옷자락을 그린 한자는?

옷 [ ]

총 6획 ` ㅗ ナ ㅊ ㅊ 衣

[ ] 의   옷 [ ]   옷 의   옷 의

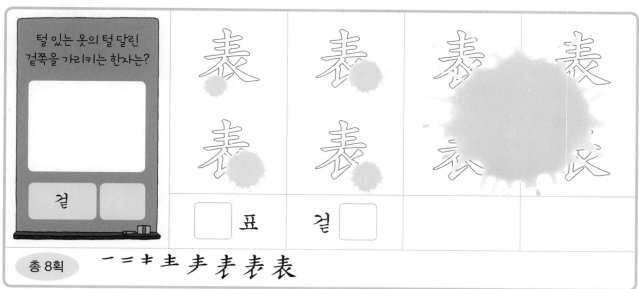

털 있는 옷의 털 달린 겉쪽을 가리키는 한자는?

겉 [ ]

총 8획 一 二 ㅌ 主 主 丰 表 表

[ ] 표   겉 [ ]

 한자의 음을 쓰세요.

❶ 옷 **衣服** 의

❷ 사물의 겉쪽 **表面**

❸ 윗옷 **上衣**

❹ 겉으로 나타내는 **表現**

❺ 흰옷 **白衣**

❻ 겉으로 드러내 알리는 **發表**

복습! 한자 服(옷 복) 面(낯 면) 上(윗 상) 現(나타날 현) 白(흰 백) 發(쏠/필 발)

문장을 소리 내어 읽고 한자의 음을 쓰세요.

소리 내어 문장 읽기	한자 음 쓰기
❶ 학교에 갈 때는 **衣服**을 단정히 입어야 해요.	의 ☐
^{과학 3} ❷ 암석의 **表面**을 손으로 만졌을 때의 느낌을 살펴봅시다.	☐ ☐
❸ 국가 **代表** 유니폼 **上衣**에는 태극 마크가 달려 있습니다. • 代(대신할 대)	☐ ☐ , ☐ ☐
^{국어 3} ❹ 전하고자 하는 내용을 정확한 낱말을 사용하여 **表現**하였나요?	☐ ☐
❺ 우리 민족은 예부터 흰옷을 즐겨 입어 **白衣**민족으로 불렸어요.	☐ ☐
^{과학 3} ❻ 배추흰나비의 한살이 관찰 결과를 다양한 방법으로 **發表**하여 봅시다.	☐ ☐

도전! 6급 시험 다음 밑줄 친 단어의 한자를 〈보기〉에서 고르세요.

〈보기〉 　①衣服　　②上衣　　③表面　　④發表　　⑤表現

1. 깨끗하고 단정하게 의복을 입어야 합니다. ＿＿＿＿＿

2. 윤하는 의견을 분명하게 표현합니다. ＿＿＿＿＿

3. 발을 이용하는 운동에 대해 발표해 봅시다. ＿＿＿＿＿

4. 그는 상의를 벗어 여자의 어깨를 덮어 주었습니다. ＿＿＿＿＿

02 옷 늘어뜨리며 멀리 가는 멀 遠, 울타리 두르고 노니는 동산 園

멀 원

동산 원

멀 원은 팔 든 채 입 벌리고(吉)
옷자락 늘어뜨리며(氺) 큰길을 달려
멀리 가는(辶) 모습이에요.

동산 원은 울타리 두르고(囗)
옷자락 늘어뜨리며(袁)
노니는(一) 동산을 가리켜요.

 풀이말을 큰 소리로 읽으며 획을 따라 쓰세요.

吉 声 声 袁

따라 써 봐!

팔 든 채 입 벌리고	옷자락 늘어뜨리며	큰길 달려 멀리 가니	멀 원	멀 ☐

울타리 두르고	옷자락 늘어뜨리며	노니는	동산 원	동산 ☐

 유의어 遠(멀 원) — 永(길 영)
반의어 遠(멀 원) ↔ 近(가까울 근)

물방울 ⬤ 에 가려진 한자를 필순에 맞게 쓰고, 빈칸에 알맞은 훈과 음을 쓰세요.

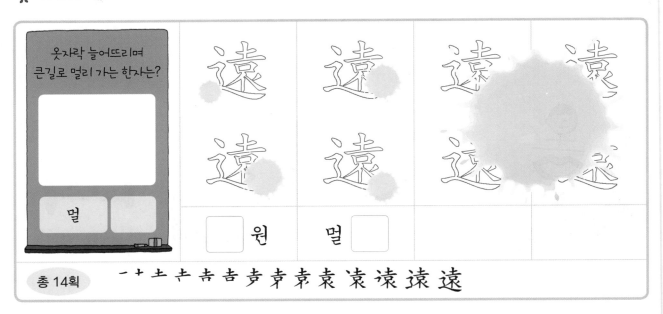

옷자락 늘어뜨리며 큰길로 멀리 가는 한자는?

| 멀 | |

총 14획 一 十 土 卉 志 吉 吉 吉 袁 袁 袁 遠 遠 遠

☐ 원   멀 ☐

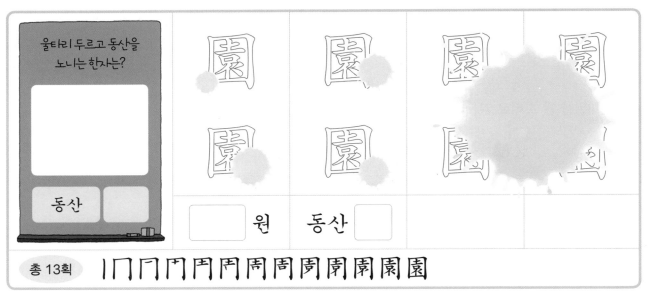

울타리 두르고 동산을 노니는 한자는?

| 동산 | |

총 13획 丨 冂 冂 冂 冃 冃 冃 周 周 周 園 園 園

☐ 원   동산 ☐

 한자의 음을 쓰세요.

❶ 멀고 가까운 遠近

❷ 함께 이용하는 동산 公園

❸ 멀고 큰 遠大

❹ 꽃을 심은 동산 花園

❺ 멀리 떨어진 큰 바다 遠洋

❻ 즐겁고 행복한 동산 樂園 낙

예습! 6급 한자 樂(즐길 락 | 노래 악 | 좋아할 요)   복습! 한자 近(가까울 근) 公(공평할 공) 大(큰 대) 花(꽃 화) 洋(큰 바다 양)

14

문장을 소리 내어 읽고 한자의 음을 쓰세요.

소리 내어 문장 읽기	한자 음 쓰기
❶ 遠近감이란 멀고 가까운 거리에 대한 느낌입니다.	☐☐
사회3 ❷ 산이 있는 곳에는 公園이나 등산길을 만들어 이용하고 있습니다.	☐☐
❸ 김춘추는 삼국을 통일하려는 遠大한 꿈을 꾸었습니다.	☐☐
❹ 花園에 들어서자 진한 꽃향기가 코끝에 닿았습니다.	☐☐
❺ 우리 식탁에 오르는 생선의 대부분은 遠洋 어선이 잡아들인 것입니다.	☐☐
❻ 이 世上을 기쁘고 살기 좋은 樂園으로 만들려면 사랑이 있어야 해요.	☐☐ , ☐☐ • 世(인간 세) 上(윗 상) •

도전! 6급 시험 다음 밑줄 친 단어의 한자를 〈보기〉에서 고르세요.

〈보기〉   ① 遠近   ② 遠洋   ③ 公園   ④ 樂園   ⑤ 花園

1. 현대적 원근법은 15세기에 개발되었습니다. _____

2. 조선 유민들에게는 이곳이 낙원이었습니다. _____

3. 밤새 닫혔던 공원의 문이 열렸습니다. _____

4. 삼촌은 원양 어선을 타고 다랑어를 잡으십니다. _____

 **03** 실이 흰 물처럼 뻗은 줄 線, 아들이 대 이어 낳은 손자 孫

줄 선

줄 선은 실이(糸) 하얀 빛깔의(白) 물이
흘러가듯(水) 길게 뻗은 줄을 가리켜요.

손자 손

손자 손은 아들이(子) 대를 잇기 위해(系)
낳은 손자를 가리켜요.

 풀이말을 큰 소리로 읽으며 획을 따라 쓰세요.

따라 써 봐!

`ㄴ ㄴ ㄴ ㄴ 糸 糸`

線	線	線	線	線
실이	하얀 빛깔의	물이 흐르듯 길게 뻗은	줄 선	줄 ☐

孫	孫	孫	孫
아들이	대를 잇기 위해 낳은	손자 손	손자 ☐

 線(줄 선)에서 糸(가는 실 멱)은 실타래를 나타내요. 또 泉(샘 천)은 하얗게 물이 솟는 샘을 가리켜요.
孫(손자 손)에서 系(이을 계)는 손가락으로(ノ) 실을 잇는(糸) 모양이에요.
반의어 孫(손자 손) ↔ 祖(할아비 조)

물방울 에 가려진 한자를 필순에 맞게 쓰고, 빈칸에 알맞은 훈과 음을 쓰세요.

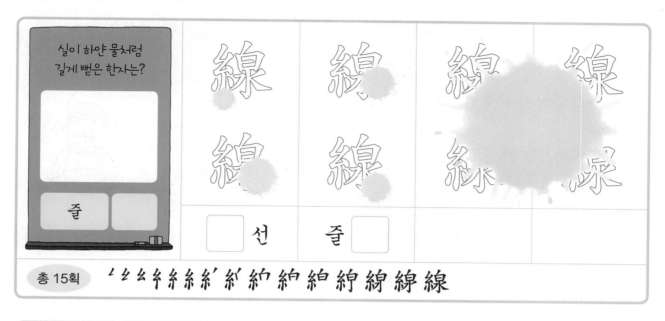

실이 하얀 물처럼 길게 뻗은 한자는? 線	線	線	線
	線	線		
줄	□ 선	줄 □	

총 15획 `ㄴ ㄴ ㄠ ㄠ ㄠ 糸 糸 糸 約 約 約 約 綽 線 線 線`

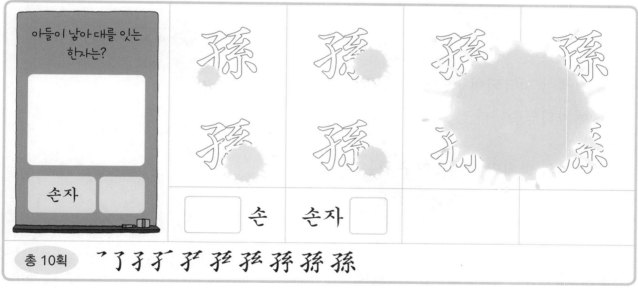

아들이 낳아 대를 잇는 한자는? 孫	孫	孫	孫
	孫	孫		
손자	□ 손	손자 □	

총 10획 `ㄱ ㄱ 子 子 子 孖 孖 孫 孫 孫`

 한자의 음을 쓰세요.

❶ 곧은 선 **直線** [   ]

❷ 자녀의 아들 **孫子** [   ]

❸ 차가 오가는 길 **路線** [   ]

❹ 뒤 세대의 자녀 **後孫** [   ]

❺ 전투가 벌어지는 **戰線** 전[   ]

❻ 임금의 손자 **王孫** [   ]

예습! 6급 한자 戰(싸움 전) 복습! 한자 直(곧을 직) 子(아들 자) 路(길 로) 後(뒤 후) 王(임금 왕)

문장을 소리 내어 읽고 한자의 음을 쓰세요.

소리 내어 문장 읽기	한자 음 쓰기
^{수학 3} ❶ 분모가 5인 분수를 수**直線**에 나타내어 보시오.	☐☐
❷ 할아버지는 **孫子**인 나를 아끼고 사랑해 주십니다.	☐☐
^{사회 3} ❸ 버스나 지하철 **路線**을 지도에 그려 봅시다.	☐☐
❹ 우리는 **後孫**을 위해 **自然**을 보호해야 해요.	☐☐ , ☐☐ • 自(스스로 자) 然(그러할 연)
❺ 전쟁이 시작되어 **戰線**에 군인들이 배치되었습니다.	전 ☐
❻ 조선의 마지막 **王孫** 이구 씨는 2005년 일본에서 세상을 떠났습니다.	☐☐

도전! 6급 시험 다음 밑줄 친 단어의 한자를 〈보기〉에서 고르세요.

〈보기〉   ①路線   ②直線   ③戰線   ④後孫   ⑤孫子

1. 군인들이 포탄이 떨어지는 전선에서 싸웁니다. _____
2. 우리는 노선이 달라 다른 길로 갔습니다. _____
3. 할머니가 손자를 데리고 산책을 합니다. _____
4. 선조들은 후손에게 유산을 물려주었습니다. _____

1.③ 2.① 3.⑤ 4.④

04 뚜껑을 그릇에 덮어 합할 合, 떡시루 얹고 사람이 모일 會

합할 합

모일 회

합할 합은 뚜껑을(亼) 그릇에 덮어(口) 합하는 모습이에요.

모일 회는 뚜껑 덮은(亼) 떡시루를(罒) 솥에 얹으니(日) 그 둘레에 사람들이 모이는 모습이에요.

 풀이말을 큰 소리로 읽으며 획을 따라 쓰세요.

따라 써 봐!

뚜껑을

그릇에 덮어

합할 합

합할 [ ]

뚜껑 덮은

떡시루를

솥에 얹으니 사람들이

모일 회

모일 [ ]

 會(모일 회)의 위쪽은 떡시루를 그렸어요. 떡시루는 떡을 찌는 둥근 질그릇으로 바닥에 구멍이 뚫려 있어요.

유의어 合(합할 합) ─ 集(모을 집), 會(모일 회) ─ 集(모을 집)

19

물방울 ◯ 에 가려진 한자를 필순에 맞게 쓰고, 빈칸에 알맞은 훈과 음을 쓰세요.

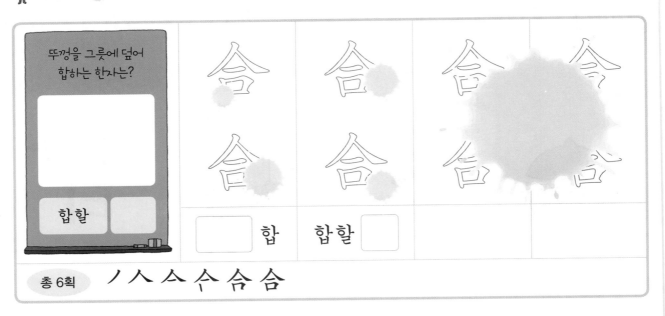

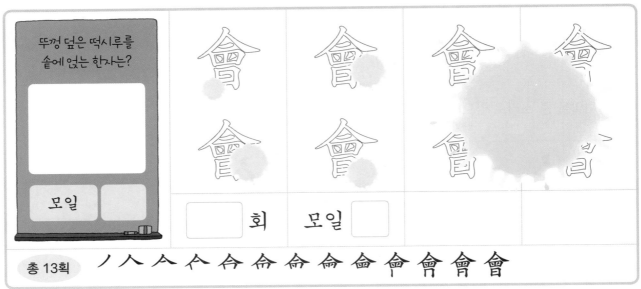

 한자의 음을 쓰세요.

❶ 모여 함께 일하는 **合同** ◻◻◻◻◻

❷ 아침에 모이는 **朝會** ◻◻◻◻◻

❸ 모여 하나를 이루는 **合成**　　　성

❹ 모여 운동하는 **運動會**　　운

❺ 이치에 합당한 **合理** ◻◻◻◻◻

❻ 졸업한 사람들의 **同窓會** ◻◻◻◻◻

예습! 6급 한자 成(이룰 성) 運(옮길 운) **복습! 한자** 同(한가지 동) 朝(아침 조) 動(움직일 동) 理(다스릴 리) 窓(창 창)

20

문장을 소리 내어 읽고 한자의 음을 쓰세요.

소리 내어 문장 읽기	한자 음 쓰기
수학3 ① 모양과 크기가 같아서 완전히 겹쳐지는 두 도형을 서로 **合同**이라고 합니다.	☐ ☐
② **朝會** 때 교장 선생님께서 훈화를 하셨어요.	☐ ☐
과학3 ③ 폴리에스터나 나일론 등은 석유에서 나온 원료로 만든 **合成** 섬유입니다.	☐ 성
국어3 ④ **運動會** 날 아침, 친구들은 머리에 힘껏 청군 띠를 묶었어요.	운 ☐ ☐
⑤ 우리 반 **班長**은 일을 **合理**적으로 처리해요.	☐ ☐ , ☐ ☐ • 班(나눌 반) 長(긴 장)
⑥ 같은 초등학교를 졸업한 친구들이 오랜만에 **同窓會**에서 만났습니다.	☐ ☐ ☐

도전! 6급 시험 다음 밑줄 친 단어의 한자를 <보기>에서 고르세요.

<보기>   ① 合成   ② 合理   ③ 朝會   ④ 同窓會   ⑤ 運動會

1. 우리에게 필요한 것은 <u>합리</u>적인 정신입니다. _____

2. 월요일 <u>조회</u> 시간이면 꼭 국민의례를 하였습니다. _____

3. 이 사진은 <u>합성</u>된 것으로 밝혀졌습니다. _____

4. <u>운동회</u>에서 청군과 백군이 줄다리기를 했습니다. _____

1.② 2.③ 3.① 4.⑤

05 뚜껑을 이제 막 덮는 이제 今, 한곳에 물건 쌓아 구분할 區

이제 금

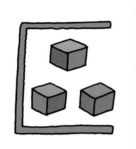 

구분할 구

이제 금은 뚜껑을(人) 이제 막(丶)
덮는(ㄱ) 모습을 나타내요.

구분할 구는 한곳에(一) 물건을 쌓고(品)
모아서(ㄴ) 구분하는 모습을 나타내요.

 풀이말을 큰 소리로 읽으며 획을 따라 쓰세요.

따라 써 봐!

뚜껑을	이제 막	덮으니	이제 금	이제 ☐

한곳에	물건 쌓고	모아서	구분할 구	구분할 ☐

 區(구분할 구)는 땅의 가장자리를 뜻하는 '지경'이라는 뜻으로도 써요. 그래서 '지경 구'라고도 읽어요.
유의어 區(구분할 구) ━ 分(나눌 분)
반의어 今(이제 금) ↔ 昨(어제 작)

물방울 ● 에 가려진 한자를 필순에 맞게 쓰고, 빈칸에 알맞은 훈과 음을 쓰세요.

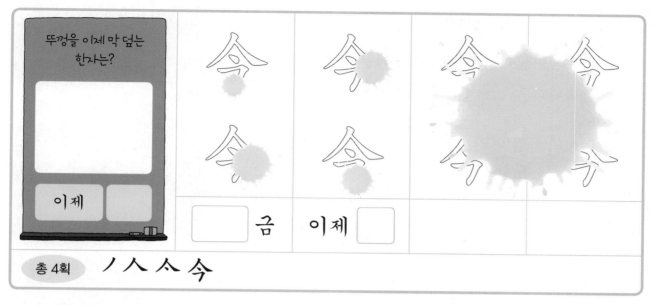

뚜껑을 이제 막 덮는
한자는?

이제

총 4획   丿 人 亼 今

| | 금 | 이제 | |

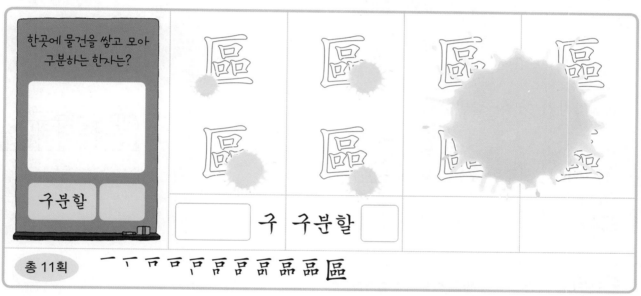

한곳에 물건을 쌓고 모아
구분하는 한자는?

구분할

총 11획   一 丆 丆 品 品 品 品 品 品 品 區

| | 구 | 구분할 | |

 한자의 음을 쓰세요.

① 올해 **今年** [　　　]

② 한데 모아 나누는 **區分** [　　] 분

③ 오늘 **今日** [　　　]

④ 한데 모아 가르는 **區別** [　　] 별

⑤ 바로 지금 **方今** [　　　]

⑥ 지점과 지점 사이 **區間** [　　]

예습! 6급 한자   分(나눌 분) 別(나눌/다를 별)   복습! 한자   年(해 년) 日(날 일) 方(모 방) 間(사이 간)

소리 내어 문장 읽기	한자 음 쓰기
① 今年 여름이 昨年보다 더 더운 것 같습니다.	□□ , □□ • 昨(어제 작)
② ^{과학 3} 나비의 몸은 머리, 가슴, 배의 세 부분으로 區分할 수 있습니다.	□ 분
③ 친구는 今日 중에 반드시 올 것입니다.	□□
④ ^{과학 3} 동물 중에는 암수의 區別이 쉬운 것도 있고, 어려운 것도 있습니다.	□ 별
⑤ 기차가 方今 출발했어요.	□□
⑥ 마라톤 선수는 42.195km의 區間을 달려야 합니다.	□□

도전! 6급 시험 다음 밑줄 친 단어의 한자를 <보기>에서 고르세요.

<보기>   ① 今日   ② 方今   ③ 區分   ④ 區間   ⑤ 區別

1. 품질이 좋은 것과 나쁜 것을 <u>구별</u>하여야 합니다. _____

2. 우리는 등장인물의 선악을 <u>구분</u>하였습니다. _____

3. <u>금일</u> 안으로 서류를 작성하시오. _____

4. 나는 <u>방금</u> 그 소식을 들었습니다. _____

복습해 볼까요?

 빈칸에 알맞은 한자와 훈음을 쓰세요.

表

|

동산 원

|

구분할 구

|

遠

|

옷 의

모일 회

|

이제 금

|

孫

|

합할 합

|

線

손자 손

|

줄 선

|

멀 원

|

會

|

園

빈칸에 알맞은 한자를 <보기>에서 찾아 쓰세요.

<보기>　衣　表　遠　園　線　孫　合　會　今　區

① 학교에 갈 때는 [　　] 복을 단정히 입어야 합니다.

② [　　] 근감이란 멀고 가까운 거리에 대한 느낌입니다.

③ 군인들이 전 [　　] 에서 용감하게 싸웁니다.

④ 품질이 좋은 것과 나쁜 것을 [　　] 별해야 합니다.

⑤ 전하고자 하는 내용을 정확한 낱말을 사용하여 [　　] 현하였나요?

⑥ 할아버지와 할머니는 [　　] 자, 손녀를 아끼십니다.

⑦ 세상을 살기 좋은 낙 [　　] 으로 만들려면 사랑이 있어야 해요.

⑧ 모양과 크기가 같은 두 도형을 서로 [　　] 동이라고 합니다.

⑨ 시간이 없으니 [　　] 일 안에 서류를 작성하시오.

⑩ 조 [　　] 때 교장 선생님께서 훈화를 하셨어요.

[1~10] 다음 한자어의 음(音: 소리)을 쓰세요.

〈보기〉　　漢字 → 한자

1. 단정하게 衣服을 입어야 합니다.

　　　　　　　　　　　　_____

2. 남녀의 區別^별이 없는 옷이에요.

　　　　　　　　　　　　_____

3. 遠近감을 살려 그림을 그렸습니다.

　　　　　　　　　　　　_____

4. 가을 運^운動會가 열렸습니다.

　　　　　　　　　　　　_____

5. 고속도로가 直線으로 뚫렸습니다.

　　　　　　　　　　　　_____

6. 今日 휴업합니다.

　　　　　　　　　　　　_____

7. 여기야말로 살기 좋은 樂^낙園입니다.

　　　　　　　　　　　　_____

8. 지금까지 조사한 내용을 發表하세요.

　　　　　　　　　　　　_____

9. 할머니가 孫子와 산책을 합니다.

　　　　　　　　　　　　_____

10. 두 사람은 合同 결혼식을 올렸어요.

　　　　　　　　　　　　_____

[11~14] 다음 한자의 훈(訓: 뜻)과 음(音: 소리)을 쓰세요.

〈보기〉　　字 → 글자 자

11. 孫　　_____

12. 遠　　_____

13. 會　　_____

14. 線　　_____

[15~18] 다음 밑줄 친 한자어의 한자를 쓰세요.

〈보기〉　　국어 → 國語

15. 생명보다 귀중한 것은 없습니다.

　　　　　　　　　　　　_____

16. 저희 생활도 많이 나아졌습니다.

　　　　　　　　　　　　_____

17. 시내는 사람이 많아 복잡합니다.

　　　　　　　　　　　　_____

18. 추석은 우리나라의 대표 명절입니다.

　　　　　　　　　　　　_____

[19~20] 다음 한자의 상대 또는 반대되는 글자를 골라 ☐ 안에 그 번호를 쓰세요.

19. 今: ① 共 ② 古 ③ 表 ④ 紙 ☐

20. 遠: ① 車 ② 油 ③ 新 ④ 近 ☐

[21~22] 다음 한자와 뜻이 비슷한 한자를 골라 ☐ 안에 그 번호를 쓰세요.

21. 遠: ① 線 ② 班 ③ 永 ④ 使 ☐

22. 會: ① 今 ② 集 ③ 朝 ④ 現 ☐

[23~24] 다음 ☐ 안에 알맞은 한자를 <보기>에서 찾아 그 번호를 쓰세요.

<보기>
① 衣 ② 表 ③ 遠 ④ 園
⑤ 線 ⑥ 孫 ⑦ 合 ⑧ 今

23. 東西古☐ : 동양과 서양, 옛날과 지금을 통틀어 이르는 말

24. 不☐千里: 천 리 길도 멀게 여기지 않음

[25~26] 다음 중 소리(音)는 같으나 뜻(訓)이 다른 한자를 골라 ☐ 안에 그 번호를 쓰세요.

25. 園: ① 油 ② 遠 ③ 表 ④ 線 ☐

26. 衣: ① 永 ② 外 ③ 音 ④ 醫 ☐

[27~28] 다음 한자어의 뜻을 풀이하세요.

27. 遠近 _____

28. 古今 _____

[29~30] 다음 한자의 짙게 표시한 획은 몇 번째 쓰는 획인지 <보기>에서 찾아 ☐ 안에 그 번호를 쓰세요.

<보기>
③ 세 번째 ④ 네 번째
⑤ 다섯 번째 ⑥ 여섯 번째
⑦ 일곱 번째 ⑧ 여덟 번째

29. 園 ☐

30. 區 ☐

🐱 헷갈리는 한자는 다시 써 보세요.

_____

_____

_____

06 다락집 기둥 받친 서울 京, 다락집이 성벽 위에 높을 高

서울 경

높을 고

서울 경은 지붕 아래 다락집을(古)
큰 기둥 셋이 받친(小) 모습이에요.
서울에는 높고 큰 집이 많아요.

높을 고는 지붕 아래 다락집(古)과
높은 성벽에 성문이 있는(同) 모습을 그렸어요.

 풀이말을 큰 소리로 읽으며 획을 따라 쓰세요.

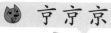 亠亠亠京京京

따라 써 봐!

지붕 아래
다락집을

기둥으로 받친
큰 집 많은

서울 경

京
서울 ☐

지붕 아래
다락집과

성문 있는 성벽이

高
높을 고

高
높을 ☐

 京(서울 경)에서 口는 다락집이에요. 다락집은 높은 기둥 위에 벽 없이 마루를 놓은 집을 말해요.
반의어 京(서울 경) ↔ 村(마을 촌), 高(높을 고) ↔ 下(아래 하)

물방울 ●에 가려진 한자를 필순에 맞게 쓰고, 빈칸에 알맞은 훈과 음을 쓰세요.

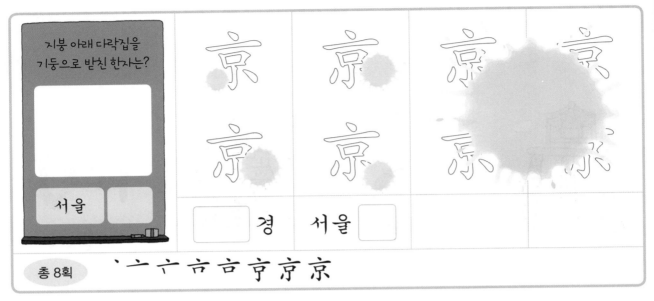

지붕 아래 다락집을 기둥으로 받친 한자는?			
서울	☐ 경	서울 ☐	
총 8획	`丶 一 亠 亡 古 亨 京 京		

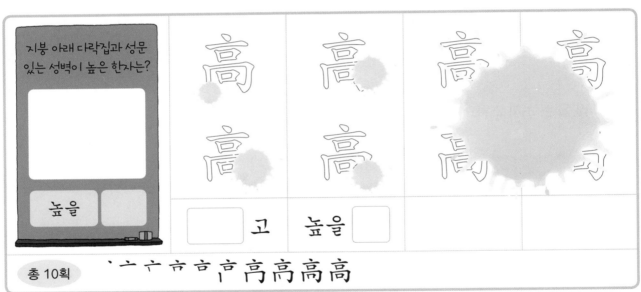

지붕 아래 다락집과 성문 있는 성벽이 높은 한자는?			
높을	☐ 고	높을 ☐	
총 10획	`丶 一 亠 亡 古 亨 高 高 高 高		

 한자의 음을 쓰세요.

❶ 고려의 도읍지 開京 개 ☐

❷ 높은 등급 高等 ☐ 등

❸ 중국의 수도 北京 ☐

❹ 높은 속도 高速 ☐

❺ 서울로 올라오는 上京 ☐

❻ 높은 정도 高度 ☐ 도

예습! 6급 한자 開(열 개) 等(무리 등) 度(법도 도)   복습! 한자 北(북녘 북) 速 (빠를 속) 上(윗 상)

문장을 소리 내어 읽고 한자의 음을 쓰세요.

소리 내어 문장 읽기	한자 음 쓰기
❶ 고려 태조 왕건은 **開京**을 새 도읍지로 정했습니다.	개 [ ]
❷ 형이 **高等**학교에 **入學**했어요.	[ ] 등 , [ ] [ ] • 入(들 입) 學(배울 학)
❸ 중국의 수도 **北京**에는 겨울이 닥치면 맹렬한 추위가 찾아옵니다.	[ ] [ ]
_{사회3} ❹ 서울에서 부산까지 **高速** 열차를 타고 2시간 40분 만에 도착하였습니다.	[ ] [ ]
❺ 우리는 **上京**하기 위해 서둘러 기차표를 예매했어요.	[ ] [ ]
❻ 반도체 사업은 **高度**의 기술이 필요한 분야입니다.	[ ] 도

도전! 6급 시험 다음 밑줄 친 단어의 한자를 <보기>에서 고르세요.

<보기>　①開京　②上京　③高度　④高速　⑤高等

1. 형은 내년에 <u>고등</u>학교에 진학합니다. _____
2. 자동차가 <u>고속</u>으로 지나갔습니다. _____
3. 그 학생은 시골에서 <u>상경</u>하였습니다. _____
4. 거란군은 곧 <u>개경</u>을 점령할 기세였습니다. _____

1. ⑤ 2. ④ 3. ② 4. ①

07 연기가 창문 위로 향할 向, 연기가 피어오르는 흙집 집 堂

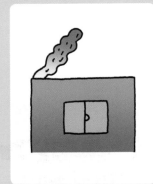

향할 향

집 당

향할 향은 한 줄기 연기가(丿)
창문 위로 피어올라(向)
하늘로 향하는 모습이에요.

집 당은 세 줄기 연기가(⺍) 창문 위로(回)
피어오르는 흙집을(土) 그렸어요.

 풀이말을 큰 소리로 읽으며 획을 따라 쓰세요.

따라 써 봐!

	向	向	向
한 줄기 연기가	창문 위로 피어올라	향할 향	향할 ☐

	堂	堂	堂	堂
세 줄기 연기가	창문 위로 피어오르는	흙집	집 당	집 ☐

 向(향할 향)과 堂(집 당)에서 위쪽 선은 연기를, 가운데 口는 창문을 나타내요.

유의어 堂(집 당) ─ 家(집 가) ─ 室(집 실)

물방울 에 가려진 한자를 필순에 맞게 쓰고, 빈칸에 알맞은 훈과 음을 쓰세요.

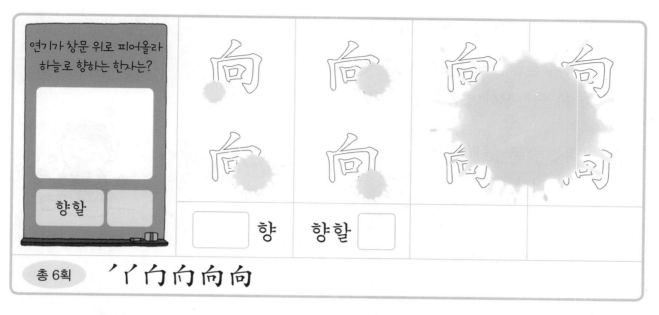

연기가 창문 위로 피어올라 하늘로 향하는 한자는?

향할

□ 향   향할 □

총 6획   ´ ´ ´ 向 向 向

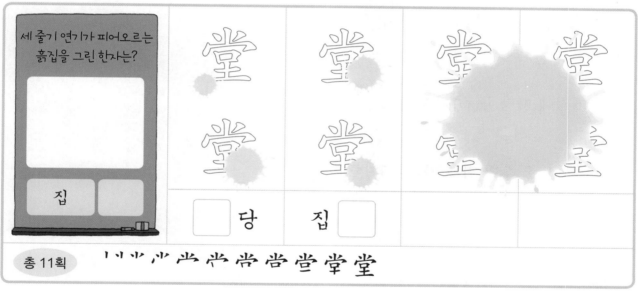

세 줄기 연기가 피어오르는 흙집을 그린 한자는?

집

□ 당   집 □

총 11획   ¹ ² ³ ⁴ ⁵ ⁶ ⁷ ⁸ 堂 堂 堂

 한자의 음을 쓰세요.

❶ 향하는 쪽 **方向**　　　　　향

❷ 음식을 먹는 곳 **食堂**

❸ 남쪽으로 향하는 **南向**

❹ 하늘나라 **天堂**

❺ 바람이 불어오는 방향 **風向**

❻ 밝고 좋은 자리 **明堂**

복습! 한자   方(모 방) 食(먹을 식) 南(남녘 남) 天(하늘 천) 風(바람 풍) 明(밝을 명)

문장을 소리 내어 읽고 한자의 음을 쓰세요.

소리 내어 문장 읽기	한자 음 쓰기
과학 3 ❶ 접시의 흔들림이 멈추었을 때 자석의 **方向**을 관찰하여 봅시다.	☐ 향
❷ 우리는 중국 **食堂**에서 점심을 먹었습니다.	☐ ☐
❸ 이 집은 **南向**이라 겨울에 따뜻합니다.	☐ ☐
❹ **天堂**에 가면 천사를 만날 수 있을까요?	☐ ☐
❺ 계절에 따라 **風向**이 달라요.	☐ ☐
❻ 선생님은 우리 학교 자리가 **明堂**이라고 하십니다.	☐ ☐

도전! 6급 시험 다음 밑줄 친 단어의 한자를 <보기>에서 고르세요.

<보기> ① 方向 ② 南向 ③ 風向 ④ 明堂 ⑤ 食堂

1. 길을 잘못 들어서 <u>방향</u>을 잃고 헤맸습니다. _____

2. 선장은 출항하기 전에 <u>풍향</u>을 살폈습니다. _____

3. 여기는 상가를 짓기에 <u>명당</u>이라 할 수 있습니다. _____

4. <u>식당</u> 종업원이 친절하였습니다. _____

08 큰 집에서 여럿이 앉는 자리 席, 큰 집에서 헤아리는 법도 度

자리 석

법도 도

자리 석은 큰 집에서(广) 여러 사람이(廿)
바닥에 수건을 깔고 앉은(巾) 자리를
가리켜요.

법도 도는 큰 집에서(广) 여러 사람이(廿)
손으로 헤아리며 따지는(又)
법도를 가리켜요.

 풀이말을 큰 소리로 읽으며 획을 따라 쓰세요.

따라 써 봐!

广 庐 庐 席

席	席	席	席	席
큰 집에서	여러 사람이	수건을 깔고 앉은	자리 석	자리 ☐

庻 度

度	度	度	度	度
큰 집에서	여러 사람이	손으로 헤아리는	법도 도	법도 ☐

席(자리 석)과 度(법도 도)에서 廿(스물 입)은 十(열 십)에 十을 더한 글자로 20, 여러 사람, 여러 물건을 나타내요.
법도(法度)는 예법(禮法)과 제도(制度)를 가리켜요. 度(법도 도)에는 '헤아릴 탁'이라는 훈음도 있어요.

35

물방울 ⬤에 가려진 한자를 필순에 맞게 쓰고, 빈칸에 알맞은 훈과 음을 쓰세요.

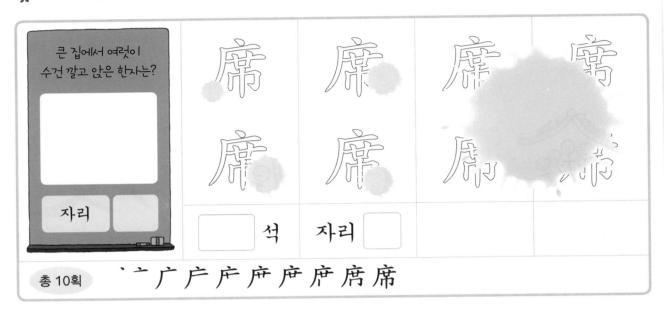

큰 집에서 여럿이
수건 깔고 앉은 한자는?

자리

□ 석   자리 □

총 10획   ` 亠 广 广 庐 庐 庐 庐 庐 庐 席 席

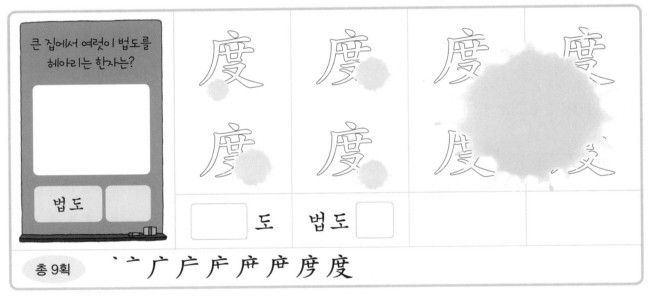

큰 집에서 여럿이 법도를
헤아리는 한자는?

법도

□ 도   법도 □

총 9획   ` 亠 广 广 庐 庐 庐 庐 度 度

 한자의 음을 쓰세요.

❶ 자리에 나아가는 **出席**　　　❷ 따뜻한 정도 **溫度**

❸ 자리에 함께 앉는 **合席**　　　❹ 빠른 정도 **速度**

❺ 특별한 자리 **特席** 특　　　❻ 씀씀이 **用度** 용

예습! 6급 한자 特(특별할 특) 用(쓸 용)　　**복습! 한자** 出(날 출) 溫(따뜻할 온) 合(합할 합) 速(빠를 속)

36

문장을 소리 내어 읽고 한자의 음을 쓰세요.

소리 내어 문장 읽기	한자 음 쓰기
❶ 선생님은 먼저 **出席**을 부르고 나서 공개 수업을 시작했어요.	☐ ☐
^{사회3} ❷ 기온은 공기의 **溫度**를 말합니다.	☐ ☐
❸ 가끔 식당에 자리가 부족하면 모르는 사람과 **合席**하는 경우가 있습니다.	☐ ☐
^{사회3} ❹ 오늘날의 이동수단은 옛날에 비하여 크기가 커지고, **速度**도 빨라졌습니다.	☐ ☐
❺ 부모님을 위해 값비싼 **特席**으로 예약했어요.	특 ☐
^{국어3} ❻ 폐품 등을 **用度**를 바꾸거나 새로운 물건으로 만들어 다시 씁니다.	용 ☐

도전! 6급 시험 다음 밑줄 친 단어의 한자를 <보기>에서 고르세요.

<보기> ① **出席**   ② **特席**   ③ **用度**   ④ **速度**   ⑤ **溫度**

1. 실내와 밖의 온도 차이가 많이 났습니다. _____

2. 건널목 앞에서는 속도를 줄이시오. _____

3. 선생님이 출석 점검을 하셨습니다. _____

4. 특석은 몇 좌석 되지 않습니다. _____

09 제단에 흙덩이처럼 모일 社, 제단에 번개처럼 내리는 귀신 神

모일 사

모일 사는 제단 둘레에(示) 흙덩이처럼
사람들이 모여 있는(土) 모습이에요.

귀신 신

귀신 신은 제단으로(示)
번개 치듯 내려오는(申) 귀신을 나타내요.

 풀이말을 큰 소리로 읽으며 획을 따라 쓰세요.

따라 써 봐!

社　　　社　　　社　　　社

제단 들레에　　흙덩이처럼　　모일 사　　모일 ☐
　　　　　　　사람들이

神　　　神　　　神　　　神

제단으로　　번개 치듯 내려오는　　귀신 신　　귀신 ☐

神(귀신 신)에서 申(펼 신)은 하늘이 갈라지며(日) 번개가 내리 뚫는(丨) 모양을 나타내요.
유의어 社(모일 사) ― 集(모을 집)

물방울 ○ 에 가려진 한자를 필순에 맞게 쓰고, 빈칸에 알맞은 훈과 음을 쓰세요.

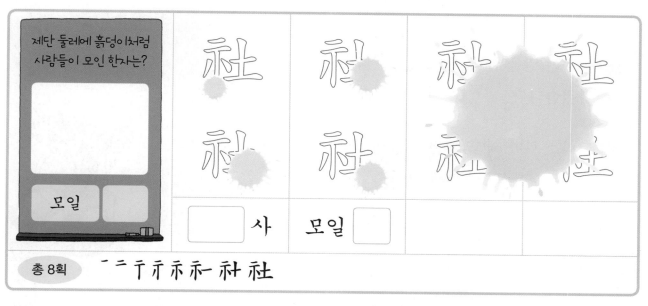

제단 둘레에 흙덩이처럼 사람들이 모인 한자는?

모일

| | 사 | 모일 | |

총 8획   一 二 千 示 示 示 示 社 社

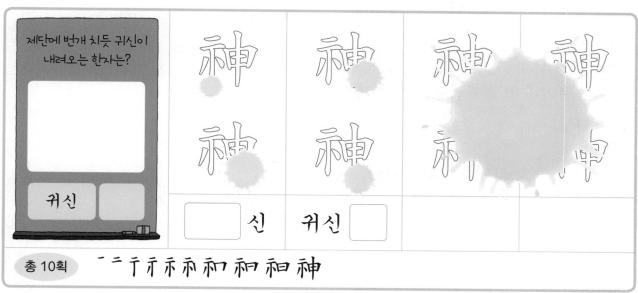

제단에 번개 치듯 귀신이 내려오는 한자는?

귀신

| | 신 | 귀신 | |

총 10획   一 二 千 示 示 示 和 和 和 神

 한자의 음을 쓰세요.

❶ 모여서 사귀는 社交 ____

❷ 신들의 이야기 神話 ____

❸ 여럿이 모인 社會 ____

❹ 신기하고 밝은 神明 ____

❺ 모여서 일하는 會社 ____

❻ 신기하고 묘한 神通 ____ 통

예습! 6급 한자 通(통할 통)   복습! 한자 交(사귈 교) 話(말씀 화) 會(모일 회) 明(밝을 명)

39

문장을 소리 내어 읽고 한자의 음을 쓰세요.

소리 내어 문장 읽기	한자 음 쓰기
❶ 우리는 일을 끝내고 **社交**의 시간을 가졌습니다.	☐☐
❷ 그리스 로마 **神話**에는 힘센 영웅과 무시무시한 괴물이 나와요.	☐☐
❸ 다양한 사람들과 더불어 살아가는 공간이 **社會**입니다.	☐☐
❹ 비나이다. 비나이다. 천지**神明**께 비나이다.	☐☐
사회 3 ❺ 동현이네 고장 사람들은 주로 **會社**에 다닙니다.	☐☐
❻ 한 번 보고 그대로 따라 하다니, 참으로 **神通**방통한 일입니다.	☐ 통

도전! 6급 시험 다음 밑줄 친 단어의 한자를 〈보기〉에서 고르세요.

〈보기〉 ① 社會   ② 社交   ③ 神話   ④ 神通   ⑤ 會社

1. 여럿이 살아가는 사회에는 공중도덕이 필요합니다. _____

2. 삼촌은 회사에 다닙니다. _____

3. 신화와 전설의 차이는 무엇일까요? _____

4. 어려운데 장학생이 되었다니 참 신통하구나. _____

4. ④ 3. ③ 2. ⑤ 1. ① .1

10 제단에 음식 올리는 예도 禮, 뼈에 살이 불룩한 몸 體

禮
예도 례

예도 례는 제단에(示) 음식을 쌓은(曲)
제사 그릇을 올리는(豆) 모습이에요.
예의나 법도를 가리켜요.

體
몸 체

몸 체는 뼈마디에(円) 살이 붙어(月)
음식을 쌓은 듯 불룩한(豊) 몸을 가리켜요.

 풀이말을 큰 소리로 읽으며 획을 따라 쓰세요.

示 示 示 神 神 禮

따라 써 봐!

禮	禮	禮	禮	禮
제단에	음식 높이 쌓은	제사 그릇을 올리는	예도 례	예도 ☐

丨 冂 冃 冎 冎 円

體	體	體	體	體
뼈마디에	살이 붙어	음식을 쌓은 듯 불룩한	몸 체	몸 ☐

體(몸 체)에서 骨(뼈 골)은 뼈마디에 살이 붙어 있는 뼈를 그린 글자예요.
유의어 體(몸 체) ― 身(몸 신)
반의어 體(몸 체) ↔ 心(마음 심)

물방울 ◯ 에 가려진 한자를 필순에 맞게 쓰고, 빈칸에 알맞은 훈과 음을 쓰세요.

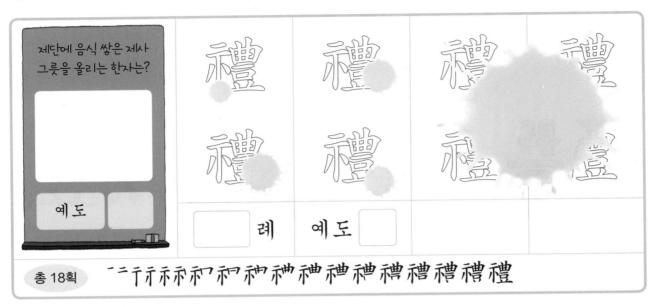

제단에 음식 쌓은 제사 그릇을 올리는 한자는?

예도

□ 례   예도 □

총 18획   一 亍 亓 示 示 示 礻 礻 礻 禮 禮 禮 禮 禮 禮 禮 禮 禮

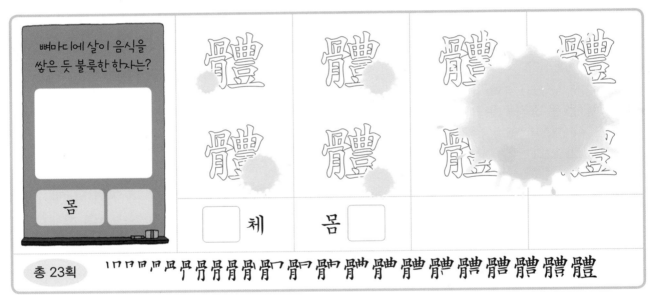

뼈마디에 살이 음식을 쌓은 듯 불룩한 한자는?

몸

□ 체   몸 □

총 23획   丨 冂 冂 冃 冎 咼 骨 骨 骨 骨 骨 骨 骨 骨 骨 體 體 體 體 體 體 體 體 體

 한자의 음을 쓰세요.

❶ 예법에 따른 의식 **禮式**　　식

❷ 몸을 튼튼히 기르는 **體育**

❸ 예를 갖춰 답하는 **答禮**

❹ 몸무게 **體重**

❺ 예의에 벗어나는 **失禮**

❻ 떳떳한 몸과 얼굴 **體面**

예습! 6급 한자　式(법 식)　　**복습! 한자**　育(기를 육) 答(대답 답) 重(무거울 중) 失(잃을 실) 面(낯 면)

42

문장을 소리 내어 읽고 한자의 음을 쓰세요.

소리 내어 문장 읽기	한자 음 쓰기
❶ 삼촌은 야외에서 결혼 禮式을 올리기로 했어요.	☐ [식]
_{사회3} ❷ 운동장의 오른쪽에 體育관이 있습니다.	☐ ☐
❸ 결혼식 答禮품으로 케이크가 人氣입니다.	☐ ☐ , ☐ ☐ • 人(사람 인) 氣(기운 기)
❹ 나는 몸무게를 재려고 體重계 위에 올라섰습니다.	☐ ☐
❺ 댁에 늦게 전화해도 失禮가 되지 않을까요?	☐ ☐
❻ 體面 차리지 말고 편히 앉아 마음껏 드세요.	☐ ☐

도전! 6급 시험 다음 밑줄 친 단어의 한자를 <보기>에서 고르세요.

<보기>   ① 禮式   ② 失禮   ③ 答禮   ④ 體重   ⑤ 體育

1. 매년 <u>체육</u> 대회를 엽니다. _____

2. 고마운 분에게 <u>답례</u> 편지를 썼습니다. _____

3. 결혼 <u>예식</u>은 엄숙해야 합니다. _____

4. 건강을 위해 <u>체중</u>을 줄이는 중입니다. _____

 빈칸에 알맞은 한자와 훈음을 쓰세요.

高

귀신 신

모일 사

몸 체

京

법도 도

집 당

禮

향할 향

席

예도 례

자리 석

神

서울 경

體

빈칸에 알맞은 한자를 <보기>에서 찾아 쓰세요.

<보기> 京 高 向 堂 席 度 社 神 禮 體

1 기온은 공기의 온 ⬚ 를 말합니다.

2 운동장의 오른쪽에 ⬚ 육관이 있습니다.

3 먼저 출 ⬚ 을 부르고 공개 수업을 시작하였습니다.

4 언니가 이번에 ⬚ 등학교에 입학했습니다.

5 결혼식 답 ⬚ 품으로 케이크를 준비했습니다.

6 깃발이 펄럭이는 것을 보면 풍 ⬚ 을 알 수 있어요.

7 다양한 사람들과 더불어 살아가는 공간이 ⬚ 회입니다.

8 역사 이전의 시대는 ⬚ 화로만 남아 있습니다.

9 형은 상 ⬚ 하기 위해 기차표를 예매했어요.

10 선생님은 우리 학교 자리가 명 ⬚ 이라고 하십니다.

6급 시험 기출 문제

맞힌 개수: /30 개

[1~10] 다음 한자어의 음(音: 소리)을 쓰세요.

〈보기〉 **漢字 → 한자**

1. 형은 올해 **高等**학교에 입학했어요.

_____

2. **出席**을 부르고 수업을 시작했습니다.

_____

3. 계절에 따라 **風向**이 다릅니다.

_____

4. 제한 **速度**를 어기면 위험합니다.

_____

5. 할머니가 시골에서 **上京**하셨습니다.

_____

6. 결혼식 **答禮**품으로 수건을 받았어요.

_____

7. **神話**와 전설의 차이는 무엇일까요?

_____

8. 길을 잘못 들어 **方向**을 잃었어요.

_____

9. 중국 **食堂**에서 점심을 먹었습니다.

_____

10. **社會**는 여러 사람이 모인 곳입니다.

_____

[11~14] 다음 한자의 훈(訓: 뜻)과 음(音: 소리)을 쓰세요.

〈보기〉 **字 → 글자 자**

11. **體** _____

12. **堂** _____

13. **席** _____

14. **神** _____

[15~18] 다음 밑줄 친 한자어의 한자를 쓰세요.

〈보기〉 국어 → **國語**

15. <u>남녀</u>를 차별해서는 안 됩니다.

_____

16. <u>농부</u>가 논에서 열심히 일합니다.

_____

17. 도시에서 <u>농촌</u>으로 돌아옵니다.

_____

18. 부모님과 함께 <u>등산</u>을 했습니다.

_____

[19~20] 다음 한자의 상대 또는 반대되는 글자를 골라 ☐ 안에 그 번호를 쓰세요.

19. 高: ①角 ②車 ③下 ④公 ☐

20. 體: ①衣 ②心 ③孝 ④園 ☐

[21~22] 다음 한자와 뜻이 비슷한 한자를 골라 ☐ 안에 그 번호를 쓰세요.

21. 社: ①庭 ②集 ③始 ④京 ☐

22. 體: ①身 ②重 ③太 ④風 ☐

[23~24] 다음 ☐ 안에 알맞은 한자를 <보기>에서 찾아 그 번호를 쓰세요.

<보기>
①京 ②高 ③向 ④堂
⑤席 ⑥度 ⑦社 ⑧神

23. ☐ 速道路: 차가 빨리 오가도록 만든 차 전용의 도로

24. 天地 ☐ 明: 하늘과 땅을 다스리는 온갖 신령

[25~26] 다음 중 소리(音)는 같으나 뜻(訓)이 다른 한자를 골라 ☐ 안에 그 번호를 쓰세요.

25. 禮: ①綠 ②醫 ③體 ④例 ☐

26. 神: ①新 ②童 ③社 ④足 ☐

[27~28] 다음 한자어의 뜻을 풀이하세요.

27. 速度 _____

28. 身體 _____

[29~30] 다음 한자의 짙게 표시한 획은 몇 번째 쓰는 획인지 <보기>에서 찾아 ☐ 안에 그 번호를 쓰세요.

<보기>
⑦ 일곱 번째   ⑧ 여덟 번째
⑨ 아홉 번째   ⑩ 열 번째
⑪ 열한 번째   ⑫ 열두 번째

29. 堂 ☐

30. 席 ☐

🐱 헷갈리는 한자는 다시 써 보세요.

 **11** 화살 줄을 당기는 **대신할 代**, 화살 만드는 방법 **법 式**

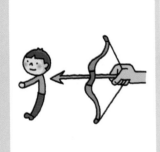 

대신할 대

법 식

대신할 대는 사람이(亻) 활을 쏘고 나서
화살을 주우러 가는 대신 화살의(一)
줄을 당기는(弋) 모습이에요.

법 식은 화살을(一) 손도끼로 잘라
만들고(工) 그 끝에 줄을 매다는(弋)
방법을 가리켜요.

 풀이말을 큰 소리로 읽으며 획을 따라 쓰세요.

따라 써 봐!

代	代	代	代	代
사람이 화살을 주우러 가는 대신	화살의	줄을 당기는	대신할 대	대신할 ☐

式	式	式	式	式
화살을	손도끼로 잘라 만들어	줄을 매다는	법 식	법 ☐

式(법 식)에서 弋(주살 익)은 화살에 줄을 매달아 쏘고 나서 당기는 주살(줄+화살)을 가리켜요. 또 工(장인 공)은 손도끼를 그려서 물건을 만드는 장인(匠人)을 나타내요.

물방울 ⬤ 에 가려진 한자를 필순에 맞게 쓰고, 빈칸에 알맞은 훈과 음을 쓰세요.

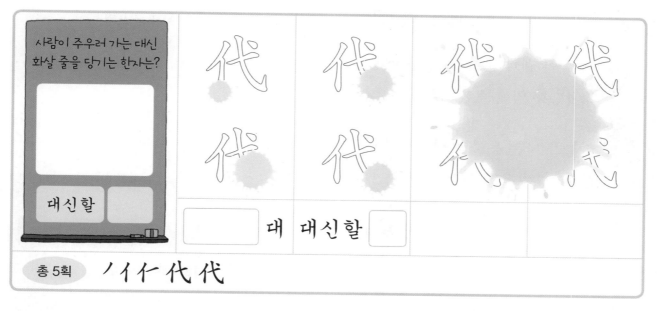

사람이 주우러 가는 대신 화살 줄을 당기는 한자는?

대신할

| | 대 | 대신할 | |

총 5획　　ノ 亻 亻 代 代

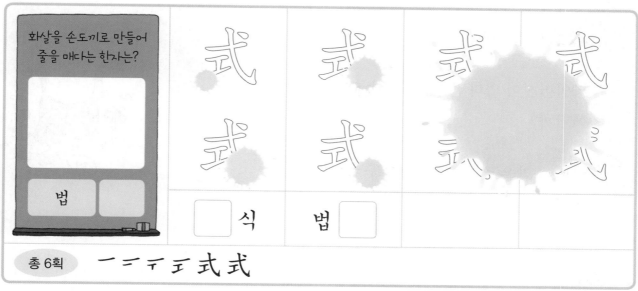

화살을 손도끼로 만들어 줄을 매다는 한자는?

법

| | 식 | 법 | |

총 6획　　一 二 干 王 式 式

 한자의 음을 쓰세요.

❶ 다른 것으로 바꾸는 **代身**

❷ 방법이나 형식 **方式**

❸ 전체를 대신하는 **代表**

❹ 수나 문자를 연결한 **數式**

❺ 때를 대표하는 **時代**

❻ 등호로 연결된 **等式**　 등

예습! 6급 한자　等(무리 등)　　복습! 한자　身(몸 신) 方(모 방) 表(겉 표) 數(셈 수) 時(때 시)

문장을 소리 내어 읽고 한자의 음을 쓰세요.

소리 내어 문장 읽기	한자 음 쓰기
국어 3 ❶ 내가 이 궤짝 문을 열어 주리다. 그 **代身** 약속을 지키시오.	☐ ☐
과학 3 ❷ 하늘을 나는 동물의 생김새와 생활 **方式**을 알아봅시다.	☐ ☐
사회 3 ❸ 우리 고장의 **中心**지를 **代表**하는 시설은 무엇인가요?	☐ ☐ , ☐ ☐ • 中(가운데 중) 心(마음 심)
❹ 숫자나 문자를 계산 기호로 연결한 식을 **數式**이라고 해요.	☐ ☐
❺ 타임머신이 있다면 공룡 **時代**로 가면 어떨까?	☐ ☐
❻ 양변에 같은 수를 곱하여도 **等式**은 성립합니다.	등 ☐

도전! 6급 시험 다음 밑줄 친 단어의 한자를 〈보기〉에서 고르세요.

〈보기〉 　 ①**代身** 　 ②**代表** 　 ③**方式** 　 ④**等式** 　 ⑤**數式**

1. 나는 국가 대표 선수로 출전했습니다. _____
2. 형 대신 심부름을 갑니다. _____
3. 서로 같음을 등식으로 나타냅니다. _____
4. 김치를 담그는 방식이 지방에 따라 다릅니다. _____

1. ② 2. ① 3. ④ 4. ③

50

12 창 내리쳐 이룰 成, 창 내리치며 마음으로 느낄 感

이룰 성

느낄 감

이룰 성은 긴 날이 달린 창을(厂)
허리 굽히며(丁) 내리쳐(戈)
뜻한 바를 이루는 모습이에요.

느낄 감은 긴 날 창을(厂)
한 목소리로 함께 내리칠 때(咸)
마음으로 느끼는(心) 감정을 나타내요.

 풀이말을 큰 소리로 읽으며 획을 따라 쓰세요.

 ノ 厂    戊成成   따라 써 봐!

成	成	成	成	成
긴 날 창을	허리 굽히며	내리쳐	이룰 성	이룰 [ ]

 厂 厂 后 咸 咸 咸

感	感	感	感	感
긴 날 창을	한 목소리로 내리치며	마음으로	느낄 감	느낄 [ ]

 成(이룰 성)에서 丁은 丁(장정 정)이 변한 모양으로 젊은이가 허리 굽히며 일하는 것을 나타내요.
感(느낄 감)의 한가운데 口는 '한 입으로', 곧 '한 목소리로' 함께 소리치는 모양이에요.

물방울 에 가려진 한자를 필순에 맞게 쓰고, 빈칸에 알맞은 훈과 음을 쓰세요.

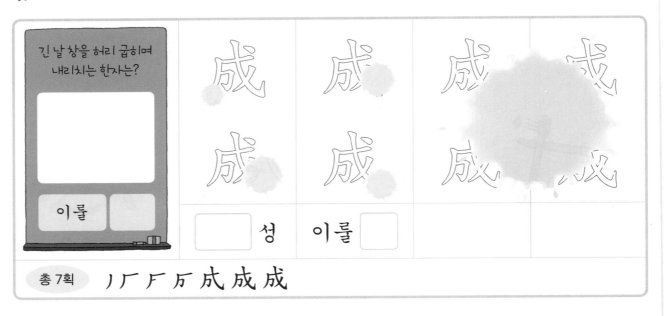

긴 날 창을 허리 굽히며 내리치는 한자는?

이룰

□ 성   이룰 □

총 7획   ノ 厂 厂 厅 成 成 成

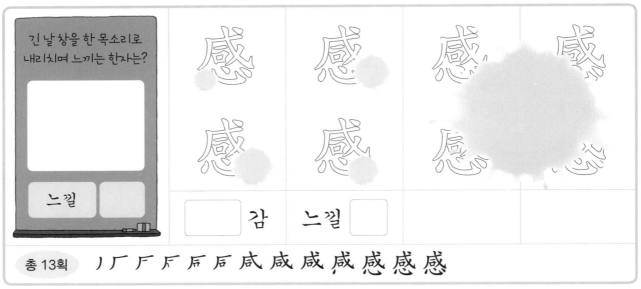

긴 날 창을 한 목소리로 내리치며 느끼는 한자는?

느낄

□ 감   느낄 □

총 13획   ノ 厂 厂 厂 厄 咸 咸 咸 咸 感 感 感

 한자의 음을 쓰세요.

❶ 목적을 이루는 成功   공

❷ 느껴 마음이 움직이는 感動

❸ 이루어 낸 결과 成果

❹ 코 막히고 열이 나는 感氣

❺ 길러 이루는 育成

❻ 서로 느끼는 交感

예습! 6급 한자   功(공 공)   복습! 한자   動(움직일 동) 果(실과 과) 氣(기운 기) 育(기를 육) 交(사귈 교)

52

문장을 소리 내어 읽고 한자의 음을 쓰세요.

소리 내어 문장 읽기	한자 음 쓰기
❶ 나는 사업에 **成功**해서 큰 부자가 되었습니다.	□ 공
국어3 ❷ 시를 암송하고 이야기를 실감나게 읽으며 **感動**을 나누어요.	□ □
❸ 좋은 **成果**를 올리기 위해 열심히 노력합니다.	□ □
❹ 환절기에는 **感氣**에 걸리기 쉬워요.	□ □
❺ 올림픽 메달을 따려면 체육에 소질 있는 어린이들을 **育成**해야 합니다.	□ □
❻ 우리는 서로 대화하며 깊은 **交感**을 나누었습니다.	□ □

도전! 6급 시험　다음 밑줄 친 단어의 한자를 <보기>에서 고르세요.

<보기>　①**成功**　②**成果**　③**育成**　④**交感**　⑤**感動**

1. 실패는 <u>성공</u>의 어머니라고 합니다.　＿＿＿＿＿

2. 나는 영화를 보고 큰 <u>감동</u>을 받았습니다.　＿＿＿＿＿

3. 열심히 노력해서 좋은 <u>성과</u>를 얻었습니다.　＿＿＿＿＿

4. 우리는 오랫동안 <u>교감</u>하며 지내왔습니다.　＿＿＿＿＿

13 돌멩이 창 들고 싸우는 **싸움 戰**, 배에서 두 손 잡고 싸워 **이길 勝**

싸움 전

싸움 전은 돌멩이 둘을(ㅁㅁ) 매단(甲) 무기와
창을 들고 싸우는(戈) 모습을 나타내요.

이길 승

이길 승은 배에 올라(月) 두 손을 꽉 잡고(龹)
힘써 싸워(力) 이기는 모습이에요.

 풀이말을 큰 소리로 읽으며 획을 따라 쓰세요.

따라 써 봐!

🐱 嚴 單 單 單 單 單

戰	戰	戰	戰	戰
돌멩이 둘을	매달고	창 들고 싸우는	싸움 전	싸움

🐱 月 月 肝 胖 脵 朕

勝	勝	勝	勝	勝
배에 올라	두 손을 꽉 잡고	힘써 싸워	이길 승	이길

🐱 勝(이길 승)에서 月은 다른 글자에 쓰일 때 달 월, 배 주, 고기 육의 여러 가지 뜻으로 쓰여요. 여기에서는 배의 뜻이에요.
반의어 戰(싸움 전) ↔ 和(화할 화)

54

물방울 🔘 에 가려진 한자를 필순에 맞게 쓰고, 빈칸에 알맞은 훈과 음을 쓰세요.

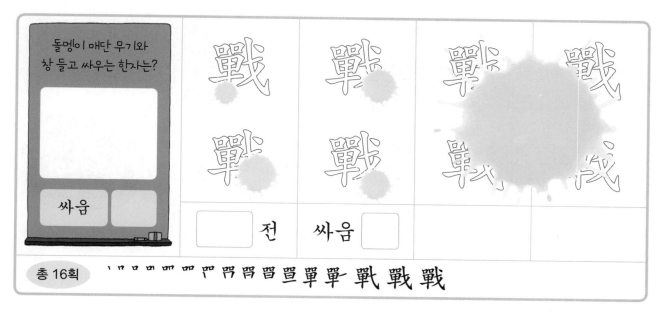

돌멩이 매단 무기와
창 들고 싸우는 한자는?

싸움

총 16획　ﾉ 冂 日 日 甲 甲 甲 罒 罒 單 單 單 戰 戰 戰

□ 전　싸움 □

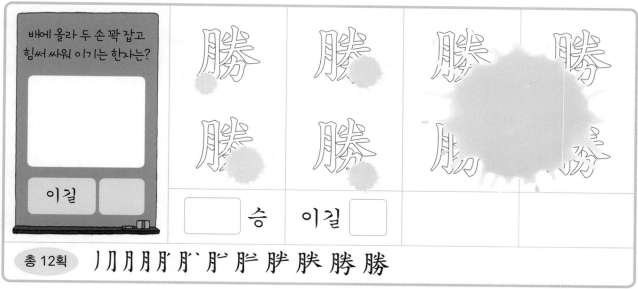

배에 올라 두 손 꽉 잡고
힘써 싸워 이기는 한자는?

이길

총 12획　ﾉ 刀 月 月 丬 丬 丬 肝 朕 胖 勝 勝

□ 승　이길 □

 한자의 음을 쓰세요.

❶ 싸우는 방법을 짜는 **作戰**　작

❷ 싸워서 이기는 **勝利**

❸ 싸움을 쉬는 **休戰**

❹ 이길 가능성 **勝算**

❺ 전쟁에서 이기는 **勝戰**

❻ 많이 이김 **多勝**

복습! 한자　作(지을 작) 利(이할 리) 休(쉴 휴) 算(셈 산) 多(많을 다)

55

문장을 소리 내어 읽고 한자의 음을 쓰세요.

소리 내어 문장 읽기	한자 음 쓰기
❶ 특공대가 마침내 비밀 **作戰**에 성공했습니다.	작 [ ]
❷ 우리 학교 축구팀이 **勝利**하자 전교생이 환호성을 질렀어요.	[ ] [ ]
❸ 양국은 **休戰**에 합의하고 군대를 철수시켰습니다.	[ ] [ ]
❹ 현재 우리 힘만으로는 **勝算**이 없습니다.	[ ] [ ]
❺ **勝戰**을 알리는 북소리가 멀리서 들려왔습니다.	[ ] [ ]
❻ 이 팀의 투수는 현재 **多勝** 선두를 달리고 있습니다.	[ ] [ ]

도전! 6급 시험 다음 밑줄 친 단어의 한자를 <보기>에서 고르세요.

<보기> ① 作戰   ② 勝戰   ③ 休戰   ④ 勝算   ⑤ 勝利

1. 올해는 우리 팀이 본선에서 <u>승리</u>할 가망성이 높습니다. _____
2. <u>승전</u>의 나팔 소리가 들려왔습니다. _____
3. <u>휴전</u>선 부근에는 민간인의 출입이 금지되어 있습니다. _____
4. 우리 팀은 <u>승산</u>이 없는 게임이지만 최선을 다했어요. _____

1. ⑤ 2. ② 3. ③ 4. ④

14 양쪽으로 갈라 나눌 分, 뼈마디를 칼로 나눠 나눌 別

나눌분

나눌별

나눌 분은 양쪽으로 갈라(八) 칼로
나누는(刀) 모습을 나타내요.

나눌 별은 뼈마디를(口)
굽어 파고 내리쳐(力) 종류별로
다르게 나누는(刂) 모습이에요.

 풀이말을 큰 소리로 읽으며 획을 따라 쓰세요.

따라 써 봐!

 分

分	分	分	分
양쪽으로 갈라	칼로	나눌 분	나눌 [ ]

 別

別	別	別	別	別
뼈마디를	굽어 파고 내리쳐	칼로 다르게 나누는	나눌 별	나눌 [ ]

分(나눌 분)의 刀(칼 도)와 別(나눌 별)의 아래 획순에 주의하세요. 둘 다 ㄱ 모양을 먼저 쓰고 ノ을 나중에 써요.
別(나눌 별)은 진짜가 아닌 다른 이름을 뜻하는 別名(별명)과 같이 '다르다'는 뜻으로도 쓰여요. 그래서 '다를 별'이라는 훈음도
있어요.
유의어 分(나눌 분) ─ 區(구분할 구), 別(나눌/다를 별) ─ 區(구분할 구)
반의어 分(나눌 분) ↔ 集(모을 집), 分(나눌 분) ↔ 合(합할 합)

물방울 에 가려진 한자를 필순에 맞게 쓰고, 빈칸에 알맞은 훈과 음을 쓰세요.

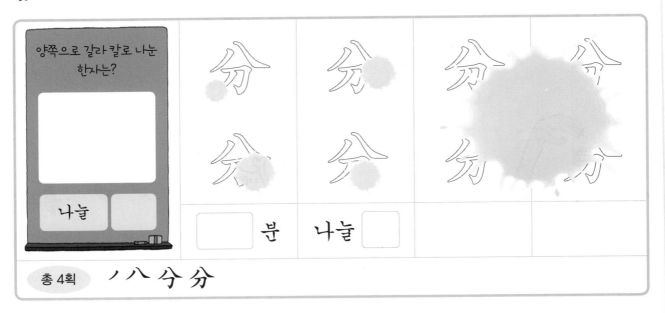

양쪽으로 갈라 칼로 나눈 한자는?

나눌

☐ 분   나눌 ☐

총 4획   ノ 八 今 分

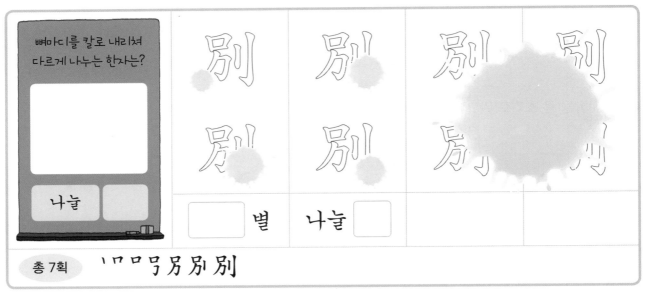

뼈마디를 칼로 내리쳐 다르게 나누는 한자는?

나눌

☐ 별   나눌 ☐

총 7획   ノ 口 口 另 另 別 別

 한자의 음을 쓰세요.

❶ 분자와 분모 **分數** ☐

❷ 세상을 떠나는 **別世** ☐

❸ 일을 나누어 하는 **分業** ☐ 업

❹ 인사 나누고 헤어지는 **作別** ☐

❺ 나누어 구별하는 **分別** ☐

❻ 진짜 아닌 다른 이름 **別名** ☐

예습! 6급 한자 業(업 업)　**복습! 한자** 數(셈 수) 世(인간 세) 作(지을 작) 名(이름 명)

58

문장을 소리 내어 읽고 한자의 음을 쓰세요.

소리 내어 문장 읽기	한자 음 쓰기
수학 3 ❶ 분자가 분모보다 작은 **分數**를 진분수라고 합니다.	☐ ☐
❷ 할아버지는 장수하시고 100세에 **別世**하셨습니다.	☐ ☐
❸ 여럿이 일할 때는 **分業**하면 훨씬 효율적으로 일할 수 있습니다.	☐ 업
❹ 나는 어머니와 **作別**하고 길을 떠났어요.	☐ ☐
❺ 나이가 들면 옳고 그름을 **分別**할 줄 알아야 합니다.	☐ ☐
❻ 전봉준 장군은 녹두 장군이라는 **別名**으로 불렸습니다.	☐ ☐

도전! 6급 시험 다음 밑줄 친 단어의 한자를 <보기>에서 고르세요.

<보기> ① **分數**   ② **分業**   ③ **別世**   ④ **作別**   ⑤ **分別**

1. 이제 떠나야 하니 작별 인사를 나눕시다. _____
2. 80세로 할아버지가 별세하셨습니다. _____
3. 두 분수의 분모를 같게 만드세요. _____
4. 분업을 통해 일을 효과적으로 할 수 있습니다. _____

1. ④ 2. ③ 3. ① 4. ②

다행 행

모양 형

다행 행은 두 손을 묶는(十) 쇠고랑에(ㅍ)
묶였다 풀려나서(十) 다행이라는 뜻을 나타내요.

모양 형은 나무로 만든 형틀과(开)
머리털의 검은 빛깔을(彡) 그려
모양을 나타내요.

 풀이말을 큰 소리로 읽으며 획을 따라 쓰세요.

따라 써 봐!

幸	幸	幸	幸	幸
손 묶는	쇠고랑에	묶였다 풀려나니	다행 행	다행

一 二 干 开

形	形	形	形
나무 형틀과	머리털의 검은 빛깔을 그린	모양 형	모양

 幸(다행 행)은 쇠고랑에서 풀려나듯 안 좋은 일에서 벗어나는 것을 뜻해요.
形(모양 형)의 오른쪽 彡(터럭 삼)은 길게 자란 머리털을 그린 글자예요.
유의어 形(모양 형) ― 式(법 식)

60

물방울 에 가려진 한자를 필순에 맞게 쓰고, 빈칸에 알맞은 훈과 음을 쓰세요.

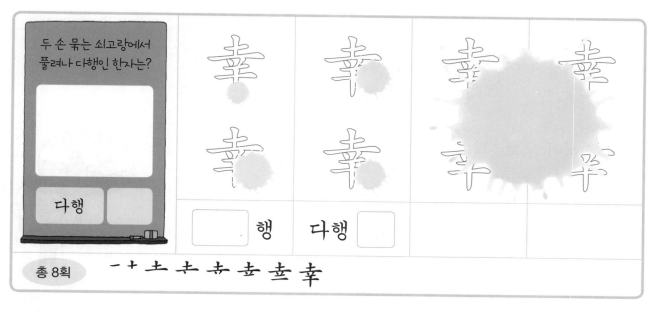

두 손 묶는 쇠고랑에서 풀려나 다행인 한자는?				
다행		행	다행	
총 8획	一 十 土 圥 圥 坴 坴 幸			

나무 형틀과 머리털의 검은 빛깔을 그린 한자는?				
모양		형	모양	
총 7획	一 二 于 开 开 形 形			

 한자의 음을 쓰세요.

① 행복한 운수 **幸運**　　운

② 모양 있는 몸체 **形體**

③ 뜻밖에 일이 잘되는 **多幸**

④ 모양이나 방식 **形式**

⑤ 행복하지 않은 **不幸**

⑥ 일이 되는 모양 **形便**

예습! 6급 한자　運(옮길 운)　　복습! 한자　體(몸 체) 多(많을 다) 式(법 식) 不(아닐 불) 便(편할 편)

61

문장을 소리 내어 읽고 한자의 음을 쓰세요.

소리 내어 문장 읽기	한자 음 쓰기
❶ 노력하는 자만이 **幸運**을 얻을 수 있습니다.	☐☐
❷ 화석이 잘 보존되어 원래 모습 그대로 **形體**가 드러났습니다.	☐☐
❸ 길에서 넘어졌는데 **多幸**히 다치지 않았어요.	☐☐
❹ **自由**로운 **形式**으로 글을 써서 제출했습니다.	☐☐ , ☐☐ • 自(스스로 자) 由(말미암을 유)
❺ 사고가 났지만 크게 다치지 않아 **不幸** 중 다행입니다.	☐☐
❻ 가정 **形便**이 넉넉하지 못해도 꿋꿋이 살아갈 거예요.	☐☐

도전! 6급 시험 다음 밑줄 친 단어의 한자를 <보기>에서 고르세요.

<보기>　　① 幸運　　② 多幸　　③ 形體　　④ 形便　　⑤ 形式

1. 집안에 행운이 깃들기를 기원합니다. _____
2. 다행히 우리는 그 집을 쉽게 찾았습니다. _____
3. 예절은 어느 정도 형식을 갖추어야 합니다. _____
4. 가정 형편이 어려워 장학금으로 공부합니다. _____

1.① 2.② 3.⑤ 4.④

 빈칸에 알맞은 한자와 훈음을 쓰세요.

나눌 분

感

幸

나눌 별

대신할 대

싸움 전

모양 형

勝

법 식

成

느낄 감

이룰 성

別

戰

이길 승

빈칸에 알맞은 한자를 〈보기〉에서 찾아 쓰세요.

〈보기〉 代 式 成 感 戰 勝 分 別 幸 形

① 노력하는 자만이 ☐ 운을 얻을 수 있습니다.

② 삼촌은 사업에 ☐ 공해서 큰 부자가 되었습니다.

③ 우리 학교 축구팀이 ☐ 리하자 전교생이 기뻐했습니다.

④ 나는 영화를 보고 큰 ☐ 동을 받았습니다.

⑤ 자유로운 ☐ 식으로 글을 써서 제출했습니다.

⑥ 우리 고장의 중심지를 ☐ 표하는 시설은 무엇인가요?

⑦ 승 ☐ 을 알리는 나팔 소리가 멀리서 들려왔습니다.

⑧ 친구와 작 ☐ 하고 버스에 올라탔습니다.

⑨ 분자가 분모보다 작은 ☐ 수를 진분수라고 합니다.

⑩ 양변에 같은 수를 곱하여도 등 ☐ 은 성립합니다.

[1~10] 다음 한자어의 음(音: 소리)을 쓰세요.

<보기>　漢字 → 한자

1. 幸運보다 실력이 중요합니다.

_____

2. 친구 代身 축구 시합에 나갔어요.

_____

3. 느낌을 자유로운 形式으로 표현해요.

_____

4. 시를 읽고 큰 感動을 받았습니다.

_____

5. 두 分數의 분모를 같게 만드세요.

_____

6. 형과 作別하고 길을 떠났습니다.

_____

7. 모범 어린이 代表로 뽑혔습니다.

_____

8. 노력하여 좋은 成果를 올렸습니다.

_____

9. 서로 같음을 等式으로 나타냅니다.

_____

10. 勝戰의 북소리가 들려왔습니다.

_____

[11~14] 다음 한자의 훈(訓: 뜻)과 음(音: 소리)을 쓰세요.

<보기>　字 → 글자 자

11. 戰　_____

12. 感　_____

13. 形　_____

14. 勝　_____

[15~18] 다음 밑줄 친 한자어의 한자를 쓰세요.

<보기>　국어 → 國語

15. 적군이 백기를 들고 항복했습니다.

_____

16. 실내보다 실외의 공기가 차갑습니다.

_____

17. 언니는 여군에 입대하였습니다.

_____

18. 하늘이 높고 푸른 가을날 오후입니다.

_____

[19~20] 다음 한자의 상대 또는 반대되는 글자를 골라 ⬚ 안에 그 번호를 쓰세요.

19. 分 : ①合 ②米 ③注 ④弱 ⬚

20. 戰 : ①席 ②神 ③黃 ④和 ⬚

[21~22] 다음 한자와 뜻이 비슷한 한자를 골라 ⬚ 안에 그 번호를 쓰세요.

21. 形 : ①訓 ②然 ③式 ④體 ⬚

22. 分 : ①角 ②命 ③口 ④區 ⬚

[23~24] 다음 ⬚ 안에 알맞은 한자를 <보기>에서 찾아 그 번호를 쓰세요.

<보기> ①代 ②式 ③成 ④感 ⑤戰 ⑥勝 ⑦分 ⑧別

23. 自手 ⬚ 家 : 혼자 힘으로 어엿한 한 살림을 이룸

24. 山 ⬚ 水 ⬚ : 세상의 온갖 고난 을 겪음

[25~26] 다음 중 소리(音)는 같으나 뜻(訓)이 다른 한자를 골라 ⬚ 안에 그 번호를 쓰세요.

25. 幸 : ①向 ②行 ③孝 ④意 ⬚

26. 形 : ①兄 ②區 ③戰 ④勝 ⬚

[27~28] 다음 한자어의 뜻을 풀이하세요.

27. 代讀 _____

28. 勝戰 _____

[29~30] 다음 한자의 짙게 표시한 획은 몇 번째 쓰는 획인지 <보기>에서 찾아 ⬚ 안에 그 번호를 쓰세요.

<보기> ④ 네 번째 ⑤ 다섯 번째 ⑥ 여섯 번째 ⑦ 일곱 번째 ⑧ 여덟 번째 ⑨ 아홉 번째

29. 感 ⬚

30. 勝 ⬚

🐱 헷갈리는 한자는 다시 써 보세요.

16 울타리 엮어 쓸 用, 머리 솟구치며 큰길 꿰뚫어 통할 通

쓸 용

통할 통

쓸 용은 울타리를(冂) 가로로 엮고(二)
기둥을 세워(丨) 담 대신 쓰는 모습이에요.

통할 통은 머리를(マ) 울타리 위로 솟구치며(用)
큰길을 꿰뚫고 달려가는(辶) 모습이에요.

 풀이말을 큰 소리로 읽으며 획을 따라 쓰세요.

따라 써 봐!

用	用	用	用	用
울타리를	가로로 엮고	기둥을 세워	쓸 용	쓸 ☐

通	通	通	通	通
머리를	울타리 위로 솟구치며	큰길을 꿰뚫고 달려	통할 통	통할 ☐

 通(통할 통)에서 甬(솟을 용)은 머리(マ)가 울타리(用) 위로 솟는 모양이에요.

물방울 ⬤ 에 가려진 한자를 필순에 맞게 쓰고, 빈칸에 알맞은 훈과 음을 쓰세요.

울타리를 가로로 엮고
기둥 세워 쓰는 한자는?

쓸

□ 용   쓸 □

총 5획   ノ 几 月 月 用

머리가 울타리 위로 솟으며
큰길 꿰뚫는 한자는?

통할

□ 통   통할 □

총 11획   フ マ マ 丙 丙 甬 甬 甬 涌 涌 通 通

 한자의 음을 쓰세요.

❶ 잘 살려 쓰는 活用 활

❷ 통하는 길 通路

❸ 쓸모가 있는 有用

❹ 전기로 신호를 전하는 通信

❺ 인재를 뽑아 쓰는 登用

❻ 전화로 말하는 通話

복습! 한자 活(살 활) 路(길 로) 有(있을 유) 信(믿을 신) 登(오를 등) 話(말씀 화)

68

문장을 소리 내어 읽고 한자의 음을 쓰세요.

소리 내어 문장 읽기	한자 음 쓰기
^{국어 3} ❶ 여러 가지 방법을 **活用**하여 시를 암송할 수 있나요?	활 ☐ 오늘 밤에도 별이 바람에 스치운다.
❷ 사람이 다니는 **通路**에 자전거를 세우면 안 돼요.	☐ ☐
^{과학 3} ❸ 규화목과 같은 나무 화석은 옛날에 살았던 식물을 연구하는 데 **有用**합니다.	☐ ☐
^{사회 3} ❹ 가족 모두가 휴대 전화, 인터넷 등을 사용하여 **通信** 요금이 늘고 있습니다.	☐ ☐
❺ 좋은 **人才**를 찾아 **登用**하는 일은 생각보다 어렵습니다.	☐ ☐ , ☐ ☐ • 人(사람 인) 才(재주 재)
^{사회 3} ❻ 이동하면서 다른 사람과 휴대 전화로 **通話**를 합니다.	☐ ☐

도전! 6급 시험 다음 밑줄 친 단어의 한자를 〈보기〉에서 고르세요.

〈보기〉 ① 活用 ② 登用 ③ 通路 ④ 通話 ⑤ 通信

1. 그는 좋은 인재를 찾아 <u>등용</u>했습니다. _____
2. 좁은 <u>통로</u>에 사람들이 몰렸습니다. _____
3. 우리 집은 <u>통신</u> 비용이 너무 많이 나옵니다. _____
4. 음식물 찌꺼기를 가축의 사료로 <u>활용</u>합니다. _____

17 밭 위로 솟구쳐 날랠 勇, 손도끼로 힘써 세운 공 功

勇
날랠 용

功
공 공

날랠 용은 머리를(▽) 밭 위로 솟구치며(田)
힘차게 달려(力) 날랜 것을 나타내요.

공 공은 손도끼로(工) 힘써 일하여
세운(力) 공로를 가리켜요.

 풀이말을 큰 소리로 읽으며 획을 따라 쓰세요.

따라 써 봐!

勇	勇	勇	勇	勇
머리를	밭 위로 솟구치며	힘차게 달려	날랠 용	날랠

功	功	功	功
손도끼로	힘써 일하여 세운	공 공	공

勇(날랠 용)에서 '날래다'는 사람이나 동물의 움직임이 나는 듯이 빠른 걸 뜻해요.
功(공 공)에서 工(장인 공)은 손도끼(工)로 물건을 만드는 장인을 나타내요.

물방울 에 가려진 한자를 필순에 맞게 쓰고, 빈칸에 알맞은 훈과 음을 쓰세요.

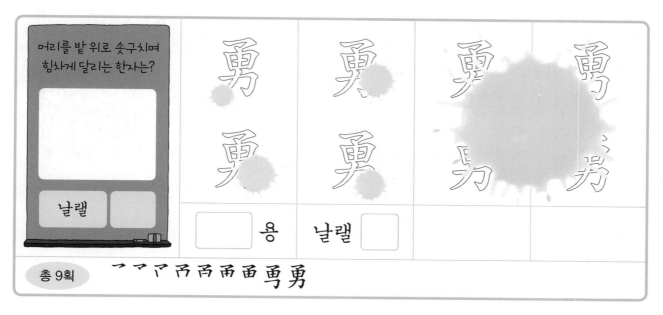

머리를 밭 위로 솟구치며 힘차게 달리는 한자는?

날랠

| 용 | 날랠 |

총 9획   `フマア马 吊甬甬函勇`

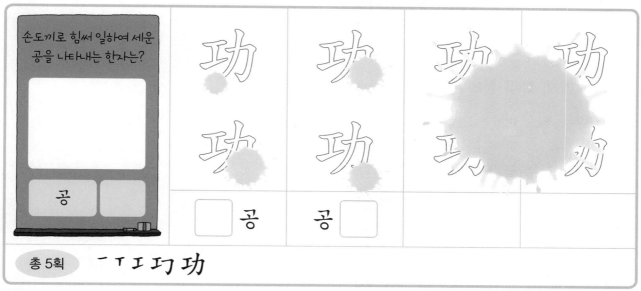

손도끼로 힘써 일하여 세운 공을 나타내는 한자는?

공

| 공 | 공 |

총 5획   `一 T 工 功 功`

 한자의 음을 쓰세요.

❶ 날래고 씩씩한 기운 **勇氣**

❷ 공을 세워 이름난 **功名**

❸ 용맹한 사람 **勇士**

❹ 전투에서 세운 공로 **戰功**

❺ 용기 있고 씩씩한 **勇敢**   감

❻ 공로가 있는 **有功**

예습! 한자 敢(감히 감, 4급)   복습! 한자 氣(기운 기) 名(이름 명) 士(선비 사) 戰(싸움 전) 有(있을 유)

문장을 소리 내어 읽고 한자의 음을 쓰세요.

소리 내어 문장 읽기	한자 음 쓰기
❶ 나는 **勇氣**를 내어 할머니를 도와 드린 나 자신이 뿌듯했어요.	☐ ☐
❷ **功名**은 공을 세워 이름을 널리 알리는 것입니다.	☐ ☐
❸ 두 분과 같은 **勇士**가 옆에 있다니 참으로 마음 든든하오.	☐ ☐
❹ 전쟁에서 세운 공로를 **戰功**이라고 합니다.	☐ ☐
❺ 신라의 화랑 관창은 **勇敢**하게 혼자서 적과 싸우러 나갔습니다.	☐ 감
❻ 아버지는 국가를 발전시킨 **有功**을 인정받아 대통령 표창을 받으셨습니다.	☐ ☐

도전! 6급 시험 다음 밑줄 친 단어의 한자를 〈보기〉에서 고르세요.

〈보기〉 ① 勇氣   ② 勇士   ③ 有功   ④ 功名   ⑤ 戰功

1. 용서는 큰 <u>용기</u>를 가진 사람이 할 수 있습니다. _____

2. <u>공명</u>심 강한 우리 팀이 우승했습니다. _____

3. 조국에 목숨을 바친 국군 <u>용사</u>가 이곳에 묻혀 있습니다. _____

4. 김유신은 큰 <u>전공</u>을 세우고 삼국 통일을 이루었습니다. _____

18 큰턱 가진 사슴벌레처럼 강할 強, 몸 구부려 일어나는 차례 第

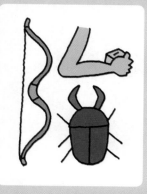

강할 강

강할 강은 활처럼 몸이 휘고(弓)
큰턱을 가진(厶) 사슴벌레를(虫) 그렸어요.
사슴벌레는 무는 힘이 아주 강해요.

차례 제

차례 제는 대나무 마디가 차례로 생겨나듯(竹)
몸을 구부렸다 일어나는 순서를(弟) 가리켜요.

 풀이말을 큰 소리로 읽으며 획을 따라 쓰세요.

따라 써 봐!

ㄱㄱ弓

強	強	強	強	強
활처럼 몸이 휘고	큰턱을 가진	사슴벌레처럼	강할 강	강할 ☐

笁 笁 笁 第 第

第	第	第	第
대나무 마디 차례로 생기듯	몸 구부렸다 일어나는	차례 제	차례 ☐

 強(강할 강)에서 弓(활 궁)은 활을 본뜬 글자예요. 오른쪽(虽)은 집게 모양(厶)의 큰턱을 가진 사슴벌레(虫)를 그려 강한 것을 나타내요. 第(차례 제)에서 弓(활 궁)은 활처럼 몸을 구부리는 것을 나타내요.

유의어 第(차례 제) ― 番(차례 번)

반의어 強(강할 강) ↔ 弱(약할 약)

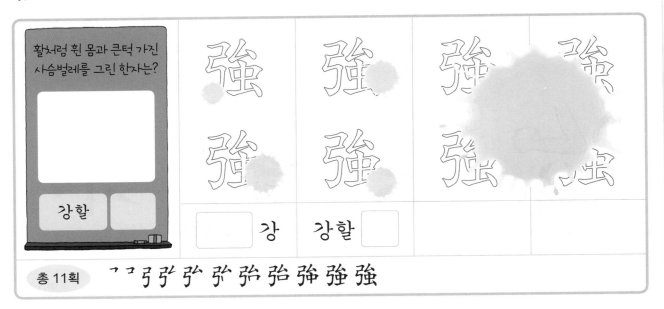

활처럼 휜 몸과 큰턱 가진 사슴벌레를 그린 한자는?

강할

| | 강 | 강할 | |

총 11획　ㄱㄱㄹㄹㄹ弨弨弨強強強

대나무 마디 생기듯 몸 구부렸다 일어나는 한자는?

차례

| | 제 | 차례 | |

총 11획　ﾉﾉﾉ𥫗𥫗𥫗笁笁笁第第

 한자의 음을 쓰세요.

❶ 강한 바람 强風　강

❷ 첫째가는 第一

❸ 힘이 강한 사람 强者

❹ 일할 때는 安全第一

❺ 강한 정도 强度

❻ 일에 관계없는 第三者

복습! 한자 風(바람 풍) 一(한 일) 者(놈 자) 安(편안할 안) 全(온전 전) 度(법도 도 | 헤아릴 탁) 三(석 삼)

74

문장을 소리 내어 읽고 한자의 음을 쓰세요.

소리 내어 문장 읽기	한자 음 쓰기
❶ 갑자기 强風이 불어서 나무가 부러졌습니다.	강 ⬜
❷ 민서는 과일 중에 오렌지를 第一 좋아해요.	⬜ ⬜
❸ 야생에서는 强者인 맹수가 약한 동물을 잡아먹고 살아갑니다.	⬜ ⬜
❹ 우리 공사 현장은 安全第一을 표어로 삼고 있습니다.	⬜ ⬜ ⬜ ⬜
❺ 역도 선수들은 强度 높은 훈련을 거듭했습니다.	⬜ ⬜
❻ '어부지리'는 둘이 다투는 사이에 엉뚱한 第三者가 이익을 챙긴다는 뜻이에요.	⬜ ⬜ ⬜

도전! 6급 시험 다음 밑줄 친 단어의 한자를 <보기>에서 고르세요.

<보기> ①强風 ②强度 ③强者 ④第一 ⑤第三者

1. 강풍에 고목이 쓰러졌습니다. _____
2. 그 사람은 강도 높게 반대했습니다. _____
3. 감기에 걸렸을 때는 쉬는 게 제일입니다. _____
4. 야생의 세계에서는 강자만이 살아남습니다. _____

1.① 2.② 3.④ 4.③

 **19** 깃발 들고 막대로 흩어 **놓을 放**, 깃발 들고 화살처럼 모인 **겨레 族**

놓을 방

겨레 족

놓을 방은 깃발 들고(方) 막대 내리치며
짐승을 흩어 놓는(攵) 모습이에요.

겨레 족은 깃발 들고(方)
고개 숙인 사람들이(ㅏ) 화살 묶음처럼
모여 있는(矢) 겨레를 가리켜요.

 풀이말을 큰 소리로 읽으며 획을 따라 쓰세요.

따라 써 봐!

｀ ㆍ ㅎ 方

放　　　放　　　放　　　放

깃발 들고　　막대 내리쳐　　놓을 방　　놓을 ☐
　　　　　　짐승 흩어 놓는

㢧 㢩 㢫 㢫 族

族　　族　　族　　族　　族

깃발 들고　고개 숙인　화살 묶음처럼　겨레 족　겨레 ☐
　　　　　사람들이　모여 있는

 放(놓을 방)에서 方(모 방)은 깃봉 아래 깃발을 그렸어요. 그리고 攵(칠 복)은 막대를 손에 쥐고 내리치는 모양을 나타내요.
族(겨레 족)에서 矢(화살 시)는 화살촉과 화살대를 그렸어요.

물방울 ● 에 가려진 한자를 필순에 맞게 쓰고, 빈칸에 알맞은 훈과 음을 쓰세요.

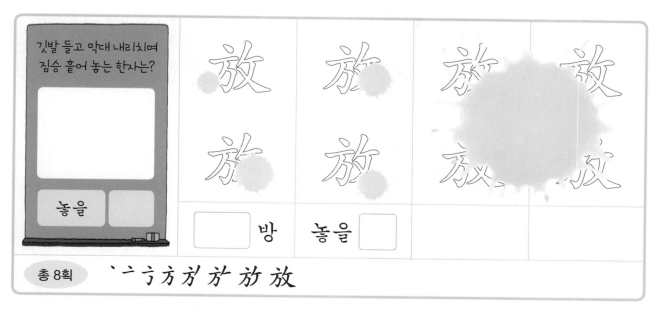

깃발 들고 막대 내리치며
짐승 흩어 놓는 한자는?

놓을

총 8획   `ᅳ ᅟᅮ 方 方 方 放 放

☐ 방   놓을 ☐

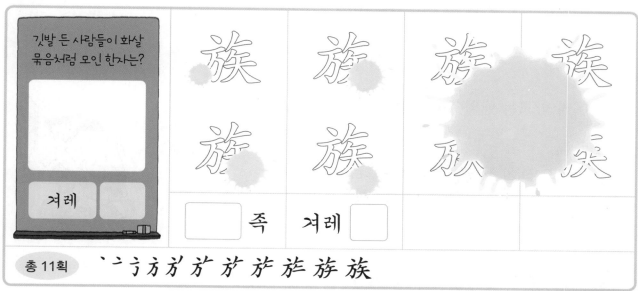

깃발 든 사람들이 화살
묶음처럼 모인 한자는?

겨레

총 11획   `ᅳ ᅟᅮ 方 方 方 方 族 族 族 族

☐ 족   겨레 ☐

 한자의 음을 쓰세요.

❶ 일부러 불을 놓는 **放火** ☐   ❷ 부부, 부모, 자식 **家族** ☐

❸ 마음을 놓는 **放心** ☐   ❹ 언어와 문화가 같은 **民族** ☐

❺ 문을 여는 **開放** 개 ☐   ❻ 같은 겨레 **同族** ☐

예습! 6급 한자   開(열 개)   복습! 한자   火(불 화) 家(집 가) 心(마음 심) 民(백성 민) 同(한가지 동)

문장을 소리 내어 읽고 한자의 음을 쓰세요.

소리 내어 문장 읽기	한자 음 쓰기
❶ 건물에 **放火**를 저지른 범인이 붙잡혔습니다.	☐ ☐
^{국어 3} ❷ 팔고도 남은 밤은 온 **家族**이 고소하게 구워 먹기도 하였어요.	☐ ☐
❸ 경기가 끝날 때까지는 **放心**하면 안 돼요.	☐ ☐
❹ 우리는 같은 피를 나누고 같은 말을 쓰는 **同族**입니다.	☐ ☐
❺ 우리 학교는 매일 운동장을 **開放**해요.	개 ☐
^{국어 3} ❻ 씨름은 우리 **民族**이 오래전부터 해 온 놀이입니다.	☐ ☐

도전! 6급 시험 다음 밑줄 친 단어의 한자를 〈보기〉에서 고르세요.

〈보기〉 ① 放心   ② 開放   ③ 家族   ④ 同族   ⑤ 民族

1. 토요일에 가족회의를 하고 외식을 하였습니다. _____

2. 추석은 민족의 명절입니다. _____

3. 쉽다고 방심해서는 안 됩니다. _____

4. 고궁의 개방 시간이 연장되었습니다. _____

1.③ 2.⑤ 3.① 4.②

20 북틀 기둥 세우는 업 業, 북틀 기둥 잡고 대할 對

업 업

대할 대

업 업은 북을 올려놓는 틀을(业)
막대로 받치고(ㅛ) 기둥을 세운(木) 모습이에요.
여기서 '업'은 직업을 가리켜요.

대할 대는 북틀 받치는(业) 기둥을(丄)
손으로 잡고(寸) 마주 대하는 모습이에요.

 풀이말을 큰 소리로 읽으며 획을 따라 쓰세요.

따라 써 봐!

業	業	業	業	業
북틀을	받치고	기둥 세우는	업 업	업

對	對	對	對	對
북틀 받치는	기둥을	손으로 잡고 마주	대할 대	대할

 業(업 업)의 위쪽(业)은 북이 구르지 않도록 막대를 받쳐 놓은 모양이에요. 가운데 두 획을 먼저 쓰고 좌우 두 획을 나중에 쓰면 돼요.

79

물방울 ◯ 에 가려진 한자를 필순에 맞게 쓰고, 빈칸에 알맞은 훈과 음을 쓰세요.

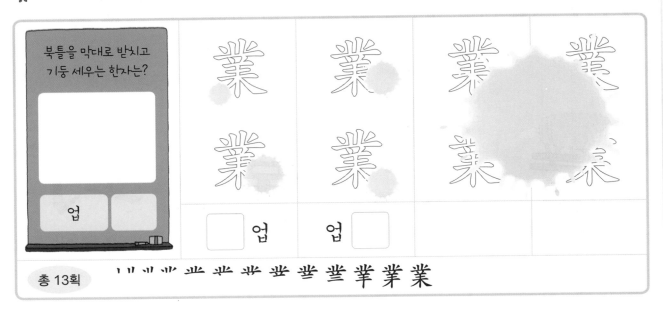

북틀을 막대로 받치고 기둥 세우는 한자는?

업

□ 업   업 □

총 13획   丨丨丨业业业业业业业业業業業

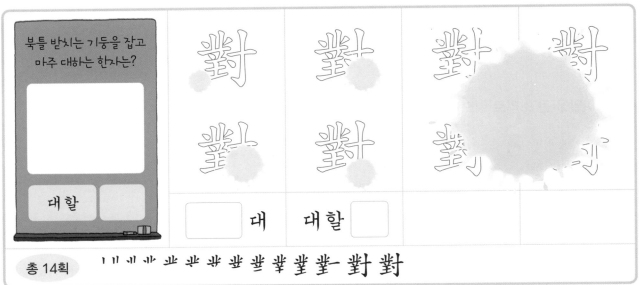

북틀 받치는 기둥을 잡고 마주 대하는 한자는?

대 할

□ 대   대 할 □

총 14획   丨丨丨业业业业业业业业业业一對對

 한자의 음을 쓰세요.

❶ 공장에서 일하는 工業 ____

❷ 얼굴을 마주 보는 對面 ____

❸ 농사를 짓는 農業 ____

❹ 마주 보고 말하는 對話 ____

❺ 영업을 시작하는 開業 개___

❻ 물음에 답하는 對答 ____

예습! 6급 한자   開(열 개)   **복습! 한자**   工(장인 공) 面(낯 면) 農(농사 농) 話(말씀 화) 答(대답 답)

문장을 소리 내어 읽고 한자의 음을 쓰세요.

소리 내어 문장 읽기	한자 음 쓰기
❶ 기술자를 존중하고 **工業**을 발전시켜야 나라가 발전합니다.	☐☐
❷ 나는 첫 **對面**에서 반 아이들에게 좋은 인상을 주고 싶었습니다.	☐☐
❸ 네덜란드는 **農業**이 발달한 국가입니다.	☐☐
^{국어 3} ❹ 현우와 친구들의 **對話**를 살펴봅시다.	☐☐
❺ 이 가게는 **作年** 여름에 **開業**했어요.	☐☐ , 개☐ • 作(지을 작) 年(해 년)
^{사회 3} ❻ 최근에는 질문을 하면 직접 **對答**해 주는 휴대전화도 개발되었습니다.	☐☐

도전! 6급 시험 다음 밑줄 친 단어의 한자를 <보기>에서 고르세요.

<보기> ① 工業   ② 開業   ③ 農業   ④ 對答   ⑤ 對話

1. 우리나라는 자동차 공업이 발달했습니다. _____

2. 80년대에 들어서면서 농업 인구가 많이 줄었습니다. _____

3. 대화할 때는 상대방의 말을 귀담아 들어야 합니다. _____

4. 엄마가 묻는 말에 분명히 대답했습니다. _____

16~20과 복습

 빈칸에 알맞은 한자와 훈음을 쓰세요.

_____

공공

強

_____

_____

날랠 용

族

_____

_____

업업

_____

대할 대

_____

쓸 용

放

_____

_____

통할 통

第

_____

_____

강할 강

對

_____

業

_____

_____

겨레 족

勇

_____

<보기>　用　通　勇　功　强　第　放　族　業　對

① 나는 [　　] 기를 내어 할머니를 도와 드렸어요.

② 팔고도 남은 밤은 온 가 [　　] 이 고소하게 구워 먹기도 했어요.

③ 기술자를 존중하고 공 [　　] 을 발전시켜야 강대국이 됩니다.

④ 경기가 끝날 때까지는 [　　] 심하면 안 돼요.

⑤ 좋은 인재를 찾아 등 [　　] 하는 일은 어렵습니다.

⑥ 사람이 다니는 [　　] 로에 물건을 내놓으면 안 됩니다.

⑦ 현우와 친구들 사이의 [　　] 화를 살펴봅시다.

⑧ 갑자기 [　　] 풍이 불어서 지붕이 날아갔습니다.

⑨ [　　] 명은 공을 세워 이름을 널리 알리는 것입니다.

⑩ 민서는 과일 중에 오렌지를 [　　] 일 좋아해요.

6급 시험 기출 문제

맞힌 개수: ___ /30 개

[1~10] 다음 한자어의 음(音: 소리)을 쓰세요.

<보기> 漢字 → 한자

1. 추석은 **民族**의 명절입니다.
_____

2. 두려울 때 더 **勇氣**를 내야 해요.
_____

3. 아프면 쉬는 게 **第一**입니다.
_____

4. 휴일에는 학교 운동장을 **開^개放**합니다.
_____

5. **功名**심 강한 우리 팀이 이겼습니다.
_____

6. **通路**에 자전거를 세우지 마세요.
_____

7. **農業**을 하는 사람이 줄고 있어요.
_____

8. 훌륭한 인재를 **登用**하였습니다.
_____

9. **強風**에 나무가 부러졌습니다.
_____

10. 갈등은 **對話**로 해결하겠습니다.
_____

[11~14] 다음 한자의 훈(訓: 뜻)과 음(音: 소리)을 쓰세요.

<보기> 字 → 글자 자

11. 對
_____

12. 勇
_____

13. 強
_____

14. 第
_____

[15~18] 다음 밑줄 친 한자어의 한자를 쓰세요.

<보기> 국어 → 國語

15. 합격 여부는 <u>전화</u>로 알려 드릴게요.
_____

16. <u>토목</u> 공사가 한창 진행 중입니다.
_____

17. 여가 <u>활동</u>의 종류는 다양합니다.
_____

18. 나는 훌륭한 <u>가문</u>에서 태어났습니다.
_____

19. 強: ①根 ②弱 ③古 ④堂 ☐

20. 孫: ①合 ②答 ③勝 ④祖 ☐

[21~22] 다음 한자와 뜻이 비슷한 한자를 골라 ☐ 안에 그 번호를 쓰세요.

21. 第: ①來 ②後 ③番 ④業 ☐

22. 別: ①放 ②病 ③對 ④區 ☐

[23~24] 다음 ☐ 안에 알맞은 한자를 <보기>에서 찾아 그 번호를 쓰세요.

<보기>
①用 ②通 ③勇 ④功
⑤強 ⑥第 ⑦放 ⑧族

23. 天下 ☐ 一: 하늘 아래 첫째, 세상에서 최고

24. 白衣民 ☐ : 흰옷을 입는 민족, 우리 민족을 뜻함

[25~26] 다음 중 소리(音)는 같으나 뜻(訓)이 다른 한자를 골라 ☐ 안에 그 번호를 쓰세요.

25. 功: ①衣 ②共 ③入 ④川 ☐

26. 用: ①月 ②遠 ③由 ④勇 ☐

[27~28] 다음 한자어의 뜻을 풀이하세요.

27. 成功 _____

28. 分業 _____

[29~30] 다음 한자의 짙게 표시한 획은 몇 번째 쓰는 획인지 <보기>에서 찾아 ☐ 안에 그 번호를 쓰세요.

<보기>
④ 네 번째   ⑤ 다섯 번째
⑥ 여섯 번째   ⑦ 일곱 번째
⑧ 여덟 번째   ⑨ 아홉 번째

29. 勇 ☐

30. 族 ☐

🐱 헷갈리는 한자는 다시 써 보세요.

21 문에 귀 대고 **들을 聞**, 빗장을 두 손으로 **열 開**

들을 문

들을 문은 문에(門) 귀를 대고(耳)
소리를 듣는 모습을 나타내요.

열 개

열 개는 문의(門) 빗장을(一)
두 손 맞잡아(卄) 여는 모습을 나타내요.

 풀이말을 큰 소리로 읽으며 획을 따라 쓰세요.

따라 써 봐!

｜ ｒ ｒ ｆ ｆ ｒ 門 門 門

聞	聞	聞	聞
문에	귀를 대고	들을 문	들을 [ ]

開	開	開	開	開
문의	빗장을	두 손 맞잡아	열 개	열 [ ]

開(열 개)의 가운데 开(열 개)는 빗장(一)을 두 손(卄) 맞잡아 여는 모양이에요. 빗장은 문을 닫고 가로질러 잠그는 막대기를 가리켜요.

유의어 開(열 개) ― 始(비로소 시)

물방울 ⬤ 에 가려진 한자를 필순에 맞게 쓰고, 빈칸에 알맞은 훈과 음을 쓰세요.

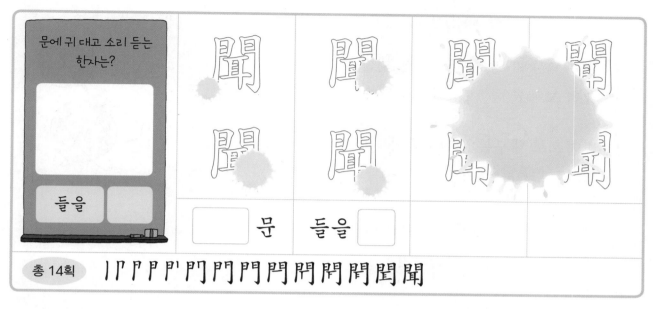

문에 귀 대고 소리 듣는 한자는?

들을

□ 문 들을 □

총 14획 丨丨丨丨丨丨门门门門門門門聞聞聞

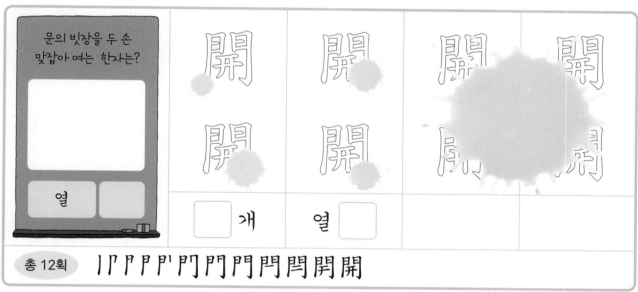

문의 빗장을 두 손 맞잡아 여는 한자는?

열

□ 개 열 □

총 12획 丨丨丨丨丨门门門門門開開

 한자의 음을 쓰세요.

❶ 보고 들는 **見聞** 견 □

❷ 꽃이 피는 **開花** □

❸ 들리는 말 **所聞** □

❹ 학교를 처음 여는 **開校** □ □

❺ 바람처럼 떠도는 **風聞** □

❻ 개척하고 발달하는 **開發** □ □

예습! 한자 見(볼 견, 5급)   복습! 한자 花(꽃 화) 所(바 소) 校(학교 교) 風(바람 풍) 發(쏠/필 발)

87

문장을 소리 내어 읽고 한자의 음을 쓰세요.

소리 내어 문장 읽기	한자 음 쓰기
❶ 여러 나라를 여행하면서 **見聞**을 넓혀 보세요.	견 ☐
❷ 바야흐로 대부분의 식물들이 **開花**하는 봄입니다.	☐ ☐
❸ 선생님이 이 분야에서 최고라는 **所聞**을 듣고 찾아왔습니다.	☐ ☐
❹ 우리 학교는 **開校**한 지 50년이 넘었어요.	☐ ☐
❺ **風聞**은 꼬리에 꼬리를 물고 사방으로 퍼졌습니다.	☐ ☐
사회3 ❻ 직접 운전하지 않고도 생각대로 움직이는 휠체어가 **開發**되었습니다.	☐ ☐

도전! 6급 시험 다음 밑줄 친 단어의 한자를 <보기>에서 고르세요.

<보기> ① 所聞   ② 見聞   ③ 風聞   ④ 開發   ⑤ 開花

1. 소문을 듣고 많은 사람이 찾아왔습니다. _____

2. 이것은 세계 최초로 개발한 제품입니다. _____

3. 식물이 개화하는 시기는 조금씩 다릅니다. _____

4. 떠도는 풍문을 모두 믿지는 마세요. _____

22 큰길에서 절에 가려고 기다릴 待, 소가 절에서 특별할 特

기다릴 대

특별할 특

기다릴 대는 큰길에서(彳)
깊은 산속의 절에 가려고(寺)
기다리는 모습이에요.

특별할 특은 소가(牛) 절에서 특별한(寺)
짐승임을 가리켜요.

 풀이말을 큰 소리로 읽으며 획을 따라 쓰세요.

彳 彳 彳 彳 待 待

待	待	待	待
큰길에서	절에 가려고	기다릴 대	기다릴 ☐

따라 써 봐!

丿 ㅗ 牛 牛

特	特	特	特
소는	절에서 특별한 짐승이니	특별할 특	특별할 ☐

 待(기다릴 대)에서 寺(절 사)는 팔 들고 앉아(土) 손에 목탁 쥐고(寸) 염불하는 모습을 본뜬 글자로 절을 가리켜요.
유의어 特(특별할 특) ― 英(꽃부리/뛰어날 영)

물방울 ○ 에 가려진 한자를 필순에 맞게 쓰고, 빈칸에 알맞은 훈과 음을 쓰세요.

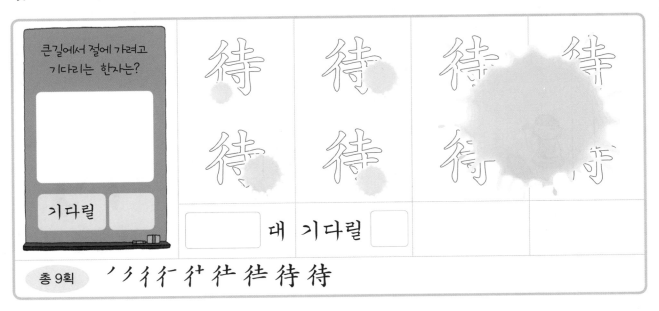

큰길에서 절에 가려고
기다리는 한자는?

기다릴 [ ]

[   ] 대 기다릴 [ ]

총 9획　丶丿彳彳彳彳彳待待

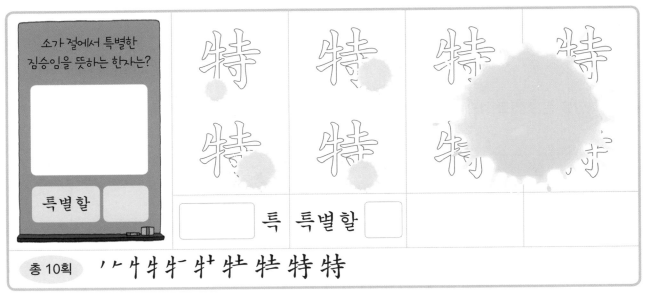

소가 절에서 특별한
짐승임을 뜻하는 한자는?

특별할 [ ]

[   ] 특 특별할 [ ]

총 10획　丿丶牜牜牜牜牜特特

 한자의 음을 쓰세요.

① 모여 기다리는 곳 待合室　[대 　　　]

② 보통과 다른 特別　[　　　　]

③ 몹시 기다리는 苦待　[　　　　]

④ 특별한 임무를 띤 特使　[　　　　]

⑤ 낮게 대우하는 下待　[　　　　]

⑥ 보통과 다른 점 特色　[　　　　]

복습! 한자　合(합할 합) 室(집 실) 別(나눌/다를 별) 苦(쓸 고) 使(하여금/부릴 사) 下(아래 하) 色(빛 색)

90

문장을 소리 내어 읽고 한자의 음을 쓰세요.

소리 내어 문장 읽기	한자 음 쓰기
❶ 서울역 **待合室**은 기차를 기다리는 사람들로 꽉 찼습니다.	대 ☐ ☐
과학 3 ❷ 동물의 몸에 무선 추적 장치나 **特別**한 표지를 달기도 합니다.	☐ ☐
❸ 어머니는 오빠가 하루빨리 돌아오기를 **苦待**하셨어요.	☐ ☐
❹ 대통령은 중요한 일을 의논하기 위해 미국에 **特使**를 보냈습니다.	☐ ☐
❺ 겉모습이 볼품없다고 해서 사람을 **下待**하면 안 돼요.	☐ ☐
❻ 이 그림에는 한국적인 **特色**이 잘 살아 있습니다.	☐ ☐

도전! 6급 시험 다음 밑줄 친 단어의 한자를 〈보기〉에서 고르세요.

〈보기〉 ① 待合室 ② 苦待 ③ 特別 ④ 特使 ⑤ 特色

1. 그 소년은 음악에 <u>특별</u>한 재능이 있습니다. _____

2. 그는 별다른 <u>특색</u>이 없는 사람입니다. _____

3. 아이들은 소풍날만을 <u>고대</u>하고 있습니다. _____

4. 찬바람이 시골 역 <u>대합실</u>로 쓸려 들어왔습니다. _____

1. ③ 2. ⑤ 3. ② 4. ①

23 대나무 무리 지어 자라는 무리 等, 군사가 수레 옮길 運

等
무리 등

運
옮길 운

무리 등은 대나무가(竹) 무리 지어
절에서 자라는(寺) 모습을 그렸어요.

옮길 운은 군사들이 수레를 옮기며(軍)
큰길을 달리는(辶) 모습을 그렸어요.

 풀이말을 큰 소리로 읽으며 획을 따라 쓰세요.

따라 써 봐!

等	等	等	等
대나무가 무리 지어	절에서 자라는	무리 등	무리 ☐

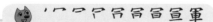 ノ ワ ワ ワ 戸 冒 昌 宣 軍

運	運	運	運
군사가 수레 옮기며	큰길 달리는	옮길 운	옮길 ☐

 運(옮길 운)에서 軍(군사 군)은 군사들(冖)이 수레(車)를 옮기며 전쟁에 나가는 모습이에요.

물방울 에 가려진 한자를 필순에 맞게 쓰고, 빈칸에 알맞은 훈과 음을 쓰세요.

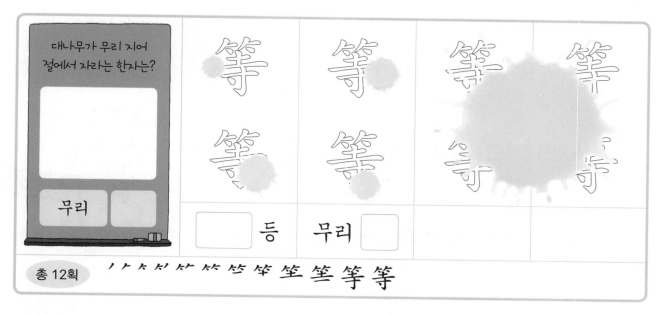

대나무가 무리 지어
절에서 자라는 한자는?

무리

□ 등   무리 □

총 12획 ノ ト トー トケ ケケ ケ ケ ケケ 笁 笁 笁 等 等

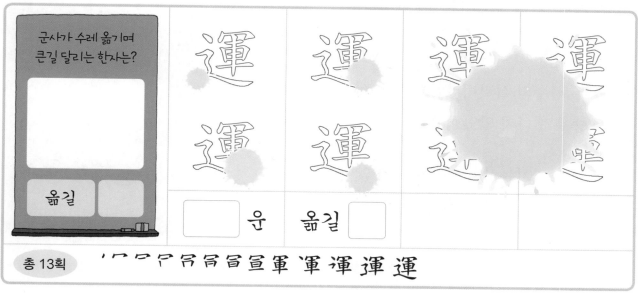

군사가 수레 옮기며
큰길 달리는 한자는?

옮길

□ 운   옮길 □

총 13획 ノ 冖 冖 冃 官 官 官 官 軍 軍 運 運 運

 한자의 음을 쓰세요.

❶ 등급이 같은 同等 [동]

❷ 움직여 옮기는 運動 [ ]

❸ 차별 없이 고른 平等 [ ]

❹ 정해져 있는 처지 運命 [ ]

❺ 서로 견줘 비슷한 對等 [ ]

❻ 이길 운수 勝運 [ ]

복습! 한자 同(한가지 동) 動(움직일 동) 平(평평할 평) 命(목숨 명) 對(대할 대) 勝(이길 승)

문장을 소리 내어 읽고 한자의 음을 쓰세요.

소리 내어 문장 읽기	한자 음 쓰기
❶ 모든 국민은 **同等**한 권리를 가지고 있습니다.	동 ☐
과학3 ❷ 배드민턴은 순간적인 힘의 전달이 필요한 **運動**입니다.	☐ ☐
❸ 자유와 **平等**은 모든 사람이 누려야 할 권리예요.	☐ ☐
❹ 사람의 **運命**은 하늘에 달렸다고 합니다.	☐ ☐
❺ 두 선수의 실력이 **對等**해서 좀처럼 승부가 나지 않았어요.	☐ ☐
❻ 그날 경기는 **勝運**이 따르지 않아 무척 힘들게 치러야 했습니다.	☐ ☐

도전! 6급 시험 다음 밑줄 친 단어의 한자를 <보기>에서 고르세요.

<보기>   ① 平等   ② 對等   ③ 勝運   ④ 運命   ⑤ 運動

1. <u>운명</u>의 여신이 미소를 짓습니다. _____

2. 규칙적으로 <u>운동</u>하는 것이 제일 좋습니다. _____

3. 사람은 모두 <u>평등</u>하게 태어났습니다. _____

4. 두 팀의 실력이 <u>대등</u>해서 결과를 예측하기 어렵습니다. _____

1.④ 2.⑤ 3.① 4.②

24 살펴 덜어내는 살필 省, 물속에 고깃덩이가 사라질 消

살필 성

살필 성은 수량이 적어지도록(少)
눈으로 살펴 덜어내는(目) 모습이에요.

사라질 소

사라질 소는 물속에(氵)
작은(小) 고깃덩이를(月) 빠뜨려
사라지는 모습을 나타내요.

 풀이말을 큰 소리로 읽으며 획을 따라 쓰세요.

丿 小 小 少

따라 써 봐!

省	省	省	省
적어지도록	눈으로 살펴 덜어내는	살필 성	살필 ☐

消	消	消	消	消
물속에	작은	고깃덩이를 빠뜨리니	사라질 소	사라질 ☐

小(작을 소)는 둘로 갈라 모양이 작은 것을 뜻하고, 少(적을 소)는 작은 것(小)을 한 번 더 잘라(丿) 수량이 적은 것을 뜻해요.
省(살필 성)은 '덜다'는 뜻으로도 쓰여요. 그래서 '덜 생'이라는 훈음도 있어요.
반의어 消(사라질 소) ↔ 現(나타날 현)

물방울 ○에 가려진 한자를 필순에 맞게 쓰고, 빈칸에 알맞은 훈과 음을 쓰세요.

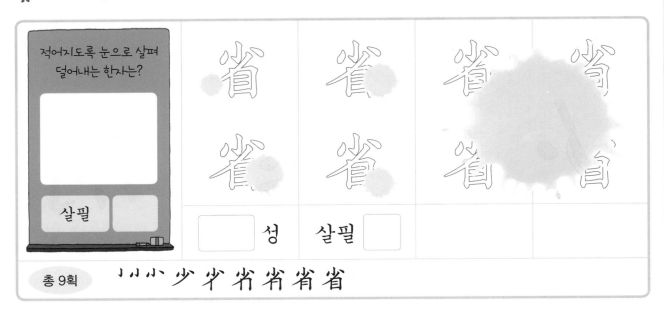

적어지도록 눈으로 살펴 덜어내는 한자는?

살필

총 9획   ㅣ ㅣ 小 少 少 半 半 省 省

□ 성   살필 □

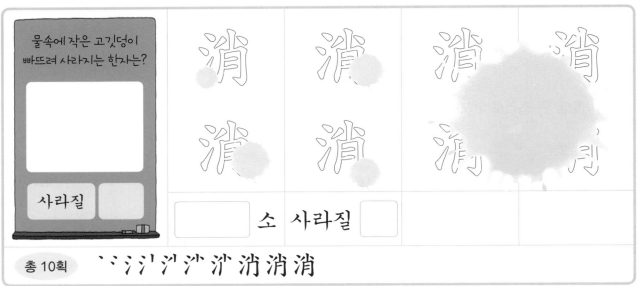

물속에 작은 고깃덩이 빠뜨려 사라지는 한자는?

사라질

총 10획   ` ` ⺀ ⺀ ⺀ ⺀ ⺀ 消 消 消

□ 소   사라질 □

 한자의 음을 쓰세요.

① 돌이켜 살피는 **反省**   반

② 사라져 잃는 **消失**

③ 스스로 살피는 **自省**

④ 불을 끄는 **消火**

⑤ 세 번 살피는 **三省**

⑥ 음식물을 분해하는 **消化**

복습! 한자   反(돌이킬/돌아올 반) 失(잃을 실) 自(스스로 자) 火(불 화) 三(석 삼) 化(될 화)

문장을 소리 내어 읽고 한자의 음을 쓰세요.

소리 내어 문장 읽기	한자 음 쓰기
❶ 실수했을 때는 자신의 잘못을 **反省**할 줄 알아야 합니다.	반 ☐
❷ 전쟁으로 많은 문화재가 불에 타서 **消失**되었습니다.	☐ ☐
❸ 과거에 대한 **自省**이 없이는 미래의 발전을 기대할 수 없어요.	☐ ☐
❹ 화재에 대비하여 곳곳에 **消火**기를 비치해 두어야 합니다.	☐ ☐
❺ '일일**三省**'은 하루에 세 번 자신의 **行動**을 반성한다는 뜻이에요.	☐ ☐ , ☐ ☐ • 行(다닐 행 | 항렬 항) 動(움직일 동)
_{과학 3} ❻ 소, 양, 염소 등은 되새김질을 하면서 **消化**를 합니다.	☐ ☐

도전! 6급 시험 다음 밑줄 친 단어의 한자를 〈보기〉에서 고르세요.

〈보기〉 ①**反省** ②**三省** ③**消化** ④**消火** ⑤**消失**

1. 그 사람은 과거의 잘못을 깊이 <u>반성</u>하고 있습니다. _____

2. 큰 화재로 사찰이 <u>소실</u>되었습니다. _____

3. 휴지통의 불을 <u>소화</u>기로 껐습니다. _____

4. 공자의 제자인 증자는 '일일<u>삼성</u>' 한다고 했습니다. _____

25 흰 방울 매달아 즐길 樂, 약초 먹고 즐기는 약 藥

즐길 락

약 약

즐길 락은 흰 방울을(白) 실로(幺)
나무에 매달아(木) 흔들며 즐기는 모습이에요.

약 약은 약초를 먹고(++)
즐겁게 지내는(樂)모습을 나타내요.

풀이말을 큰 소리로 읽으며 획을 따라 쓰세요.

 伯 絈 絈 絈 絲 絲

따라 써 봐!

樂	樂	樂	樂	樂
흰 방울을	실로	나무에 매달아 흔들며	즐길 락	즐길

藥	藥	藥	藥
약초 먹고	즐겁게 지내면 병이 낫는	약 약	약

 樂은 즐길 락, 노래 악, 좋아할 요 등 훈음이 여럿이에요.

유의어 樂(즐길 락 | 노래 악) ― 歌(노래 가)

반의어 樂(즐길 락 | 노래 악) ↔ 苦(쓸 고)

98

물방울 ⬤ 에 가려진 한자를 필순에 맞게 쓰고, 빈칸에 알맞은 훈과 음을 쓰세요.

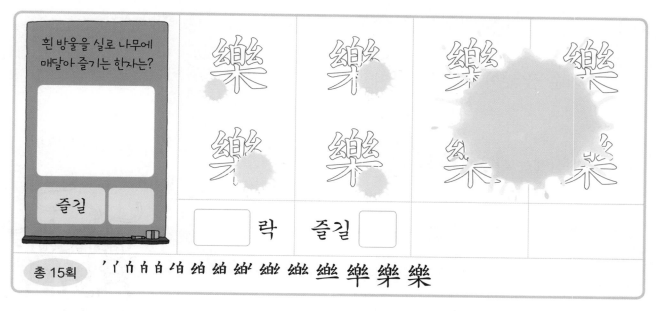

흰 방울을 실로 나무에
매달아 즐기는 한자는?

즐길

| □ 락 | 즐길 □ |

총 15획　′ ｒ ｒ ｒ 白 白 伯 紳 紳 紳 幺幺 綝 樂 樂 樂

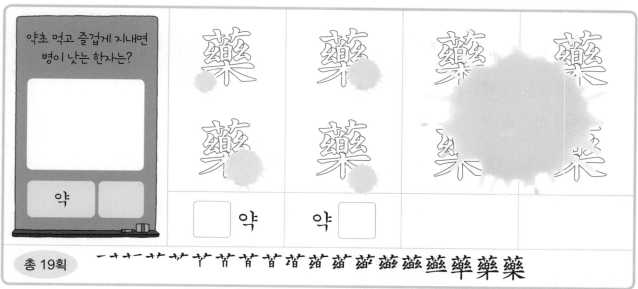

약초 먹고 즐겁게 지내면
병이 낫는 한자는?

약

| □ 약 | 약 □ |

총 19획　一 + + + ++ 护 苧 苧 苧 荅 茁 茁 蒞 蕐 蕐 藥 藥 藥

 한자의 음을 쓰세요.

① 소리로 즐기는 音樂　음

② 약으로 쓰는 풀 藥草

③ 농촌의 음악 農樂

④ 새로 발명한 약 新藥

⑤ 편안하고 즐거운 安樂

⑥ 농작물에 필요한 農藥

복습! 한자 音(소리 음) 草(풀 초) 農(농사 농) 新(새 신) 安(편안 안)

99

문장을 소리 내어 읽고 한자의 음을 쓰세요.

소리 내어 문장 읽기	한자 음 쓰기
^{국어 3} ❶ 즐거운 音樂이 흐르며 막이 내린다.	음 ☐
❷ 오대산에는 신비한 藥草가 많습니다.	☐ ☐
❸ 농촌에서 시작된 農樂은 풍물놀이라고도 합니다.	☐ ☐
❹ 新藥이 개발되면 불치병도 치료할 수 있게 될 거예요.	☐ ☐
❺ 할머니는 安樂의자에 몸을 파묻고 잠든 것처럼 보였습니다.	☐ ☐
❻ 농사를 지을 때는 農藥이나 화학 비료보다 퇴비를 많이 써야 합니다.	☐ ☐

도전! 6급 시험 다음 밑줄 친 단어의 한자를 〈보기〉에서 고르세요.

〈보기〉 ① 音樂   ② 安樂   ③ 藥草   ④ 農藥   ⑤ 新藥

1. 할아버지는 약초를 캐며 살아갑니다. _____

2. 난치병에 좋은 신약이 많이 개발되었습니다. _____

3. 그 아이는 음악 공부에 열성적입니다. _____

4. 부모님은 안락한 전원생활에 만족하십니다. _____

 빈칸에 알맞은 한자와 훈음을 쓰세요.

기다릴 대

消

들을 문

藥

무리 등

옮길 운

살필 성

樂

열 개

特

사라질 소

待

약 약

運

즐길 락

빈칸에 알맞은 한자를 <보기>에서 찾아 쓰세요.

<보기>   聞 開 待 特 等 運 省 消 樂 藥

① 동물의 위치를 추적하는 장치나 ☐ 별한 표지를 달기도 해요.

② 실수했을 때는 자신의 잘못을 반 ☐ 할 줄 알아야 해요.

③ 사람의 ☐ 명은 하늘에 달렸다고 합니다.

④ 전쟁으로 많은 문화재가 불에 타서 ☐ 실되었습니다.

⑤ 지혜 많은 주인의 소 ☐ 이 온 나라에 퍼졌습니다.

⑥ 오대산 산중에는 신비한 ☐ 초가 많습니다.

⑦ 자유와 평 ☐ 은 모든 사람이 누려야 할 권리입니다.

⑧ 생각하는 대로 움직이는 휠체어가 ☐ 발되었습니다.

⑨ 막일을 한다고 사람을 하 ☐ 해서는 안 됩니다.

⑩ 즐거운 음 ☐ 이 흐르며 막이 내립니다.

[1~10] 다음 한자어의 음(音: 소리)을 쓰세요.

〈보기〉 漢字 → 한자

1. **反省** 없이는 발전도 없습니다.
   _____

2. 나는 음악에 **特別**한 재능이 있어요.
   _____

3. 큰 화재로 사찰이 **消失**되었습니다.
   _____

4. 기회가 **平等**해야 건강한 사회예요.
   _____

5. 형은 **音樂** 공부에 열성적입니다.
   _____

6. **所聞**을 듣고 많은 이가 찾아왔어요.
   _____

7. **運動**은 규칙적인 것이 좋습니다.
   _____

8. 통일의 그날을 **苦待**하고 있습니다.
   _____

9. 그 사람은 **藥草**를 캐며 살아갑니다.
   _____

10. 신제품 **開發**을 위해 투자했어요.
    _____

[11~14] 다음 한자의 훈(訓: 뜻)과 음(音: 소리)을 쓰세요.

〈보기〉 字 → 글자 자

11. **特** _____

12. **藥** _____

13. **消** _____

14. **等** _____

[15~18] 다음 밑줄 친 한자어의 한자를 쓰세요.

〈보기〉 국어 → 國語

15. <u>가수</u>를 꿈꾸는 친구가 많습니다.
    _____

16. <u>강촌</u>에 꽃들이 만발했어요.
    _____

17. 따뜻한 <u>동남풍</u>이 불어옵니다.
    _____

18. <u>교문</u> 밖으로 학생들이 몰려나왔어요.
    _____

[19~20] 다음 한자의 상대 또는 반대되는 글자를 골라 ☐ 안에 그 번호를 쓰세요.

19. 樂: ①藥 ②青 ③苦 ④朝 ☐

20. 消: ①現 ②親 ③洋 ④術 ☐

[21~22] 다음 한자와 뜻이 비슷한 한자를 골라 ☐ 안에 그 번호를 쓰세요.

21. 開: ①門 ②合 ③聞 ④始 ☐

22. 等: ①省 ②同 ③習 ④勝 ☐

[23~24] 다음 ☐ 안에 알맞은 한자를 <보기>에서 찾아 그 번호를 쓰세요.

<보기> ①聞 ②開 ③待 ④特 ⑤等 ⑥運 ⑦省 ⑧樂

23. 生死苦☐ : 삶과 죽음, 괴로움과 즐거움

24. 一日三☐ : 하루 세 번 스스로 반성함

[25~26] 다음 중 소리(音)는 같으나 뜻(訓)이 다른 한자를 골라 ☐ 안에 그 번호를 쓰세요.

25. 待: ①陽 ②章 ③代 ④集 ☐

26. 藥: ①弱 ②衣 ③意 ④直 ☐

[27~28] 다음 한자어의 뜻을 풀이하세요.

27. 反省 _____

28. 消火 _____

[29~30] 다음 한자의 짙게 표시한 획은 몇 번째 쓰는 획인지 <보기>에서 찾아 ☐ 안에 그 번호를 쓰세요.

<보기> ① 첫 번째 ② 두 번째 ③ 세 번째 ④ 네 번째 ⑤ 다섯 번째 ⑥ 여섯 번째

29. 聞 ☐

30. 樂 ☐

🐱 헷갈리는 한자는 다시 써 보세요.

빈출! 유의어와 반의어

유의어와 반의어는 함께 외워야 효과적이에요!

 뜻이 비슷한 한자끼리 모았습니다. 빈칸에 알맞은 훈과 음을 쓰세요.

1	나무 수	樹 - 木	나무 목	8	구분할 구	區 - 別	나눌 별
2	옷 의	衣 - 服	옷 복	9	평평할 평	平 - 等	무리 등
3	고을 군	郡 - 邑	고을 읍	10	노래 가	歌 - 樂	노래 악
4	화할 화	和 - 平	평평할 평	11	모을 집	集 - 會	모일 회
5	몸 체	體 - 身	몸 신	12	그림 도	圖 - 畫	그림 화
6	과목 과	科 - 目	눈 목	13	급할 급	急 - 速	빠를 속
7	셈 산	算 - 數	셈 수	14	열 개	開 - 始	비로소 시

 뜻이 서로 반대 또는 상대되는 한자끼리 모았습니다. 빈칸에 알맞은 훈과 음을 쓰세요.

1	가까울 근	近 ↔ 遠	멀 원	8	손 수	手 ↔ 足	발 족
2	아침 조	朝 ↔ 夕	저녁 석	9	새 신	新 ↔ 古	예 고
3	쓸 고	苦 ↔ 樂	즐길 락	10	낮 주	晝 ↔ 夜	밤 야
4	많을 다	多 ↔ 少	적을 소	11	합할 합	合 ↔ 分	나눌 분
5	어제 작	昨 ↔ 今	이제 금	12	머리 두	頭 ↔ 足	발 족
6	강할 강	強 ↔ 弱	약할 약	13	몸 신	身 ↔ 心	마음 심
7	예 고	古 ↔ 今	이제 금	14	죽을 사	死 ↔ 活	살 활

시험에
나오는 한자만
모았다

빈출! 사자성어

훈과 음을 생각하며
한자를 채워 보세요!

 빈칸에 알맞은 한자를 채우고 완성된 사자성어를 읽어 보세요.

1	春 夏 秋冬	춘하추동	봄, 여름, 가을, 겨울의 네 계절
2	一 朝 一夕	일조일석	하루 아침과 하루 저녁. 짧은 나날
3	電光石 火	전광석화	번개 불빛과 부싯돌 불빛. 아주 짧은 시간
4	草 綠同色	초록동색	풀빛과 녹색은 같음. 같은 무리
5	二八 青 春	이팔청춘	16세 무렵의 꽃다운 청춘
6	門前成 市	문전성시	문 앞이 시장을 이룸. 찾아오는 사람이 많음
7	光明 正 大	광명정대	불빛이 밝고 크게 올바름. 말과 행동이 떳떳하고 정당함
8	十 中 八九	십중팔구	열 가운데 여덟이나 아홉. 거의 대부분 그러함
9	別 有天地	별유천지	속세와 따로 있는 세계. 아주 좋은 세계
10	作 心 三日	작심삼일	단단히 먹은 마음이 사흘을 가지 못함
11	男女 老 少	남녀노소	남자와 여자, 나이 든 사람과 젊은 사람. 모든 사람
12	行 方 不明	행방불명	간 곳이나 방향을 모름
13	生死苦 樂	생사고락	삶과 죽음, 괴로움과 즐거움
14	東西古 今	동서고금	동양과 서양, 옛날과 지금

모의 한자능력검정시험

6급 3권

• 출제 기준 : ㈜한국어문회 한자능력검정시험
  * 2017년 8월 시험부터 변경된 출제 유형 반영
• 출제 범위: '바빠 급수 한자 - 6급' 한자(7, 8급 배정 한자 포함)

• 시험 시간 : 50분

• 시험 문항 : 90문항

채점한 후 확인해 보세요!

회차	1회	2회
맞힌 문항 수		

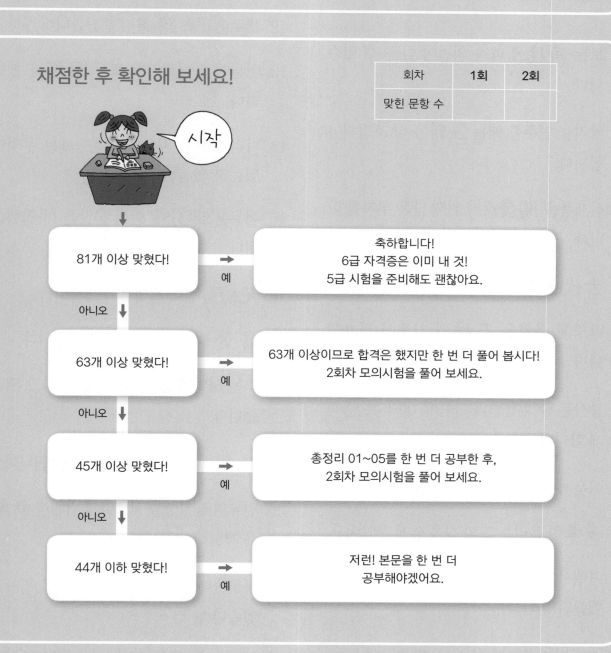

시작

81개 이상 맞혔다! → 예 → 축하합니다!
6급 자격증은 이미 내 것!
5급 시험을 준비해도 괜찮아요.

아니오

63개 이상 맞혔다! → 예 → 63개 이상이므로 합격은 했지만 한 번 더 풀어 봅시다!
2회차 모의시험을 풀어 보세요.

아니오

45개 이상 맞혔다! → 예 → 총정리 01~05를 한 번 더 공부한 후,
2회차 모의시험을 풀어 보세요.

아니오

44개 이하 맞혔다! → 예 → 저런! 본문을 한 번 더
공부해야겠어요.

[1~33] 다음 밑줄 친 한자어의 음(音: 소리)을 쓰세요.

<보기>　漢字 → 한자

1. 보는 **角度**에 따라 의견이 다를 수 있습니다.

2. 악기를 연주할 때는 **強弱**을 잘 조절해야 합니다.

3. 신제품을 **開發**하기 위해 많은 투자를 합니다.

4. **古代**에 인류는 활로 사냥을 했습니다.

5. 반도체 사업은 **高度**의 기술이 필요합니다.

6. 봉사는 남의 불편과 아픔에 대해 **共感**하게 합니다.

7. 이웃끼리 **交代**로 청소를 합니다.

8. **多幸**히 우리는 그의 집을 쉽게 찾았어요.

9. 여행사에서 호텔 예약을 **代行**해 주기로 했습니다.

10. 저희 회사에서는 품질에 따라 제품의 **等級**을 구분합니다.

11. 이 땅에 **樂園**을 만들어 봅시다.

12. 새로운 버스 **路線**이 생겼습니다.

13. 어른이 들어오시자 모두 **目禮**를 했습니다.

14. 다리와 발을 사용하는 운동에는 무엇이 있는지 **發表**해 봅시다.

15. 어두운 **部分**에 흰색 물감을 더 칠했습니다.

16. **死線**을 넘어 생명을 구했습니다.

17. **書堂**에서 한자와 한문을 배웁니다.

18. 그는 사업에 **成功**해서 큰 부자가 되었습니다.

19. **勝利**했다고 너무 뽐내서는 안 됩니다.

20. 인류의 불치병을 치료하기 위해서 **新藥**을 개발해야 합니다.

21. 사물놀이패가 **神明**나는 무대를 펼치고 있습니다.

22. 이 병에는 한약보다 **洋藥**이 더 좋습니다.

23. 겉모습만으로는 이 물건이 어떤 **用度**인지 알 수 없어요.

24. **衣服**은 깨끗하고 단정하게 입어야 합니다.

25. 마침내 특공 부대가 **作戰**에 성공하였습니다.

26. 우리 부대는 이번 전투에서 큰 **戰果**를 올렸습니다.

27. **集合** 시간과 장소를 알려 드리겠습니다.

28. 진실한 대화는 마음을 이어 주는 **通路**가 됩니다.

29. 우리나라는 결혼식과 같이 **特別**한 날에 입는 옷이 따로 있습니다.

30. 생각과 감정을 **表現**한 것이 문학 작품입니다.

31. 그 마을은 우리 **學區**가 아닙니다.

32. **現代**에 와서 과학은 놀라운 속도로 발달했습니다.

33. 올림픽은 전 세계 사람들이 **和合**을 이루는 축제입니다.

[34~55] 다음 한자의 훈(訓: 뜻)과 음(音: 소리)을 쓰세요.

<보기>   字 → 글자 자

34. 待

35. 野

36. 消

37. 勇

38. 等

39. 聞

40. 米

41. 美

42. 席

43. 由

44. 京

45. 童

46. 番

47. 雪

48. 樹

49. 英

50. 族

51. 注

52. 班

53. 速

54. 勝

55. 油

[56~75] 다음 밑줄 친 한자어의 한자를 쓰세요.

<보기>   국어 → 國語

56. 정답을 맞히기 어렵습니다.

57. 집을 출입할 때는 문단속을 잘해야 합니다.

58. 합격 여부는 전화로 알려 드리겠습니다.

59. 명색이 사내라고 오기는 있구나.

60. 무한히 열린 하늘을 천공이라고 합니다.

61. 올 휴가는 서해로 가기로 했어요.

62. 시민들의 의견을 존중해야 합니다.

63. 남녀 사이에는 예절을 잘 지켜야 합니다.

64. 부정한 행위를 하면 벌을 받아야 합니다.

65. 가계부에 오늘 쓴 돈을 기입합니다.

66. 북방 민족들이 국경을 침범해 왔습니다.

67. 그는 좋은 가문에서 태어났습니다.

68. 만민의 존경을 받는 왕이 되었습니다.

69. 이 부서의 우두머리는 실장입니다.

70. 올 겨울은 평년보다 조금 춥습니다.

71. 그분의 이름은 인명사전에 올라 있습니다.

72. 마당에 화초가 만발했어요.

73. 전통 한지는 매우 우수한 종이로 알려져 있습니다.

74. 특용 작물 재배로 연간 소득이 많이 올랐습니다.

75. 편지를 등기로 보냈습니다.

[76~78] 다음 한자의 상대 또는 반대되는 글자를 골라 그 번호를 쓰세요.

76. 苦: ①李 ②樂 ③色 ④金

77. 近: ①理 ②油 ③路 ④遠

78. 強: ①神 ②村 ③洞 ④弱

[79~80] 다음 한자와 뜻이 비슷한 한자를 골라 그 번호를 쓰세요.

79. 集: ①感 ②會 ③朝 ④現

80. 區: ①放 ②病 ③別 ④消

[81~83] 다음 ☐ 안에 알맞은 한자를 <보기>에서 찾아 그 번호를 쓰세요.

<보기>
①席 ②禮 ③別 ④孫
⑤代 ⑥戰 ⑦通 ⑧今

81. ☐ 有天地: 우리가 사는 세상 밖의 다른 좋은 세계

82. 東西古 ☐ : 동양과 서양, 옛날과 지금을 통틀어 이르는 말

83. 子 ☐ 萬代: 오래도록 내려오는 여러 대

[84~85] 다음 중 소리(音)는 같으나 뜻(訓)이 다른 한자를 골라 그 번호를 쓰세요.

84. 辛: ①向 ②行 ③孝 ④意

85. 待: ①陽 ②章 ③代 ④集

최신 출제 유형
[86~87] 다음 뜻에 맞는 한자어를 <보기>에서 찾아 그 번호를 쓰세요.

<보기>

①今時 ②成功 ③勝戰
④分業 ⑤空席 ⑥代讀

86. 비어 있는 자리   87. 지금 바로

[88~90] 다음 한자의 짙게 표시한 획은 몇 번째 쓰는 획인지 <보기>에서 찾아 그 번호를 쓰세요.

<보기>
① 첫 번째	② 두 번째
③ 세 번째	④ 네 번째
⑤ 다섯 번째	⑥ 여섯 번째
⑦ 일곱 번째	⑧ 여덟 번째
⑨ 아홉 번째	⑩ 열 번째

88. 園

89. 區

90. 席

[1~33] 다음 밑줄 친 한자어의 음(音: 소리)을 쓰세요.

<보기>

漢字 → 한자

1. 장군님의 말씀에 **感服**하여 눈물을 흘렸습니다.

2. **強風**에 고목이 쓰러졌습니다.

3. 그는 사고방식이 **開放**적입니다.

4. 저는 우리나라가 선진국이 될 날을 **苦待**하고 있습니다.

5. 학부형들이 **公開** 수업을 보러 오셨습니다.

6. 직사**光線**은 피하는 게 좋습니다.

7. 오늘은 **交通** 체증이 심해요.

8. 부장님 **代理**로 회의에 참석합니다.

9. 우리 둘은 **對等**해요.

10. 서로 같음을 **等式**으로 나타냅니다.

11. 결혼 전에 **禮服**을 입어 보았습니다.

12. 인터넷을 **利用**할 때는 예절을 지켜야 합니다.

13. 그는 과거의 잘못을 **反省**하고 있어요.

14. 아버지는 **病席**에 누우신 지 석 달 만에 건강을 회복하셨어요.

15. 약의 오남용을 막기 위해 의약 **分業**이 이루어졌습니다.

16. 일이 끝나고 **社交**의 시간을 갖겠습니다.

17. 기차의 **線路** 보수 공사가 한창입니다.

18. 노력한 덕분에 **成果**를 올렸습니다.

19. 장사는 **信用**이 중요합니다.

20. 신령님의 **神功**을 받아 건강을 되찾았습니다.

21. 노모는 아들의 실종 소식을 듣고 **失神**하였습니다.

22. 이 사건은 역사에 **永遠**히 기록될 것입니다.

23. 많은 사람들이 대통령을 만나기 위해 **遠近**에서 달려왔어요.

24. 어머니와 **作別**을 하고 길을 떠났습니다.

25. **昨今**의 현실이 개탄스럽습니다.

26. **戰線**에서 포성이 들렸어요.

27. 힘을 겨루는 운동은 **體級**을 정해서 경기를 합니다.

28. 우리 집은 **通信** 비용이 너무 많아요.

29. 대통령은 두 나라의 관계를 좋게 하려고 **特使**를 보냈습니다.

30. **風聞**에 의하면 전쟁에서 많은 사람이 이미 죽었다고 합니다.

31. 그녀는 일을 **合理**적으로 처리하는 사람이에요.

32. 지금의 느낌을 자유로운 **形式**으로 표현해 보세요.

33. 길 건너 **花園**에서 꽃을 샀습니다.

[34~55] 다음 한자의 훈(訓: 뜻)과 음(音: 소리)을 쓰세요.

<보기>   字 → 글자 자

34. 在

35. 集

36. 親

37. 幸

38. 黃

39. 共

40. 果

41. 球

42. 急

43. 短

44. 禮

45. 放

46. 病

47. 失

48. 第

49. 通

50. 現

51. 形

52. 號

53. 開

54. 功

55. 堂

[56~75] 다음 밑줄 친 한자어의 한자를 쓰세요.

<보기>
국어 → 國語

56. 화산이 불을 뿜기 시작했습니다.

57. 봄이 시작되는 시기를 입춘이라고 합니다.

58. 요즘은 생수를 사 먹습니다.

59. 오전 11시부터 오후 1시까지를 오시라고 합니다.

60. 할머니 집에 시외버스를 타고 갔어요.

61. 이 분이 우리 동네 동장이십니다.

62. 낯선 지방으로 여행할 때는 항상 설렙니다.

63. 인부들이 무거운 짐을 나릅니다.

64. 잠들기 직전에는 음식을 안 먹는 게 좋습니다.

65. 한반도는 삼면이 바다로 둘러싸여 있습니다.

66. 매번 같은 장소에서 교통사고가 났어요.

67. 건물 후면에 높은 산이 있습니다.

68. 그가 쏜 화살이 과녁에 명중했습니다.

69. 왕은 천하를 얻은 듯 기뻐했습니다.

70. 입동이 되면 본격적인 추위가 시작됩니다.

71. 그녀는 정직하고 성실한 사람이었어요.

72. 청춘은 인생에서 가장 좋은 때입니다.

73. 그는 우리 학교에서 제일 유명해요.

74. 백두산은 휴화산입니다.

75. 산림 녹화 사업을 게을리해서는 안 됩니다.

76. 昨： ①今 ②黃 ③勇 ④色

77. 分： ①合 ②米 ③注 ④弱

78. 心： ①通 ②體 ③孝 ④族

[79~80] 다음 한자와 뜻이 비슷한 한자를 골라 그 번호를 쓰세요.

79. 形： ①訓 ②然 ③式 ④體

80. 分： ①角 ②命 ③口 ④區

[81~83] 다음 ☐ 안에 알맞은 한자를 〈보기〉에서 찾아 그 번호를 쓰세요.

〈보기〉 ①別 ②用 ③消 ④樂
⑤體 ⑥省 ⑦藥 ⑧聞

81. 生死苦☐ : 삶과 죽음, 괴로움과
즐거움을 통틀어 이르는 말

82. 男女有☐ : 남자와 여자 사이에
분별이 있어야 함

83. 一日三☐ : 하루 세 번 스스로 반
성함

[84~85] 다음 중 소리(音)는 같으나 뜻(訓)이 다른 한자를 골라 그 번호를 쓰세요.

84. 席： ①陽 ②例 ③石 ④聞

85. 成： ①明 ②祖 ③書 ④省

최신 출제 유형
[86~87] 다음 뜻에 맞는 한자어를 〈보기〉에서 찾아 그 번호를 쓰세요.

〈보기〉 ①所聞 ②古今 ③身體
④反省 ⑤遠近 ⑥消化

86. 들은 바   87. 멀고 가까움

[88~90] 다음 한자의 짙게 표시한 획은 몇 번째 쓰는 획인지 〈보기〉에서 찾아 그 번호를 쓰세요.

〈보기〉
① 첫 번째   ② 두 번째
③ 세 번째   ④ 네 번째
⑤ 다섯 번째   ⑥ 여섯 번째
⑦ 일곱 번째   ⑧ 여덟 번째
⑨ 아홉 번째   ⑩ 열 번째

88. 感

89. 樂

90. 堂

총정리 01 01~05과 복습

26쪽

❶ 衣　❷ 遠　❸ 線　❹ 區　❺ 表
❻ 孫　❼ 園　❽ 合　❾ 今　❿ 會

27~28쪽

1. 의복 2. 구별 3. 원근 4. 운동회 5. 직선 6. 금일 7. 낙원
8. 발표 9. 손자 10. 합동 11. 손자 손 12. 멀 원 13. 모일 회
14. 줄 선 15. 生命 16. 生活 17. 市內 18. 秋夕 19. ② 古
20. ④ 近 21. ③ 永 22. ② 集 23. ⑧ 今 24. ③ 遠 25. ② 遠
26. ④ 醫 27. 멀고 가까움 28. 옛날과 지금
29. ⑦ 일곱 번째 30. ③ 세 번째

총정리 02 06~10과 복습

45쪽

❶ 度　❷ 體　❸ 席　❹ 高　❺ 禮
❻ 向　❼ 社　❽ 神　❾ 京　❿ 堂

46~47쪽

1. 고등 2. 출석 3. 풍향 4. 속도 5. 상경 6. 답례 7. 신화
8. 방향 9. 식당 10. 사회 11. 몸 체 12. 집 당 13. 자리 석
14. 귀신 신 15. 男女 16. 農夫 17. 農村 18. 登山
19. ③ 下 20. ② 心 21. ② 集 22. ① 身 23. ② 高 24. ⑧ 神
25. ④ 例 26. ① 新 27. 빠른 정도 28. 사람의 몸
29. ⑦ 일곱 번째 30. ⑨ 아홉 번째

총정리 03 11~15과 복습

64쪽

❶ 幸　❷ 成　❸ 勝　❹ 感　❺ 形
❻ 代　❼ 戰　❽ 別　❾ 分　❿ 式

65~66쪽

1. 행운 2. 대신 3. 형식 4. 감동 5. 분수 6. 작별 7. 대표
8. 성과 9. 등식 10. 승전 11. 싸움 전 12. 느낄 감
13. 모양 형 14. 이길 승 15. 白旗 16. 室外 17. 女軍
18. 午後 19. ① 合 20. ④ 和 21. ③ 式 22. ④ 區
23. ③ 成 24. ⑤ 戰 25. ② 行 26. ① 兄 27. 대신 읽음
28. 싸워서 이김 29. ⑦ 일곱 번째 30. ⑧ 여덟 번째

총정리 04 16~20과 복습

83쪽

❶ 勇　❷ 族　❸ 業　❹ 放　❺ 用
❻ 通　❼ 對　❽ 強　❾ 功　❿ 第

84~85쪽

1. 민족 2. 용기 3. 제일 4. 개방 5. 공명 6. 통로 7. 농업
8. 등용 9. 강풍 10. 대화 11. 대할 대 12. 날랠 용
13. 강할 강 14. 차례 제 15. 電話 16. 土木 17. 活動
18. 家門 19. ② 弱 20. ④ 祖 21. ③ 番 22. ④ 區
23. ⑥ 第 24. ⑧ 族 25. ② 共 26. ④ 勇 27. 목적을 이룸
28. 일을 나누어 함 29. ⑧ 여덟 번째 30. ④ 네 번째

총정리 05 21~25과 복습

102쪽

❶ 特　❷ 省　❸ 運　❹ 消　❺ 聞
❻ 藥　❼ 等　❽ 開　❾ 待　❿ 樂

103~104쪽

1. 반성 2. 특별 3. 소실 4. 평등 5. 음악 6. 소문 7. 운동
8. 고대 9. 약초 10. 개발 11. 특별할 특 12. 약 약
13. 사라질 소 14. 무리 등 15. 歌手 16. 江村 17. 東南
18. 校門 19. ③ 苦 20. ① 現 21. ④ 始 22. ② 同
23. ⑧ 樂 24. ⑦ 省 25. ③ 代 26. ① 弱
27. (잘잘못을) 돌이켜 살핌 28. 불을 끔 29. ④ 네 번째
30. ① 첫 번째

모의시험 01회

108~111쪽

1. 각도	2. 강약	3. 개발	4. 고대
5. 고도	6. 공감	7. 교대	8. 다행
9. 대행	10. 등급	11. 낙원	12. 노선
13. 목례	14. 발표	15. 부분	16. 사선
17. 서당	18. 성공	19. 승리	20. 신약
21. 신명	22. 양약	23. 용도	24. 의복
25. 작전	26. 전과	27. 집합	28. 통로
29. 특별	30. 표현	31. 학구	32. 현대
33. 화합	34. 기다릴 대	35. 들 야	36. 사라질 소
37. 날랠 용	38. 무리 등	39. 들을 문	40. 쌀 미
41. 아름다울 미	42. 자리 석	43. 말미암을 유	44. 서울 경
45. 아이 동	46. 차례 번	47. 눈 설	48. 나무 수
49. 꽃부리 영	50. 겨레 족	51. 부을 주	52. 나눌 반
53. 빠를 속	54. 이길 승	55. 기름 유	56. 正答
57. 出入	58. 電話	59. 名色	60. 天空
61. 西海	62. 市民	63. 男女	64. 不正
65. 記入	66. 北方	67. 家門	68. 萬民
69. 室長	70. 平年	71. 人名	72. 花草
73. 韓紙	74. 年間	75. 登記	76. ② 樂
77. ④ 遠	78. ④ 弱	79. ② 會	80. ③ 別
81. ③ 別	82. ⑧ 今	83. ④ 孫	84. ② 行
85. ③ 代	86. ⑤ 空席	87. ① 今時	
88. ⑦ 일곱 번째	89. ③ 세 번째	90. ⑨ 아홉 번째	

모의시험 02회

112~115쪽

1. 감복	2. 강풍	3. 개방	4. 고대
5. 공개	6. 광선	7. 교통	8. 대리
9. 대등	10. 등식	11. 예복	12. 이용
13. 반성	14. 병석	15. 분업	16. 사교
17. 선로	18. 성과	19. 신용	20. 신공
21. 실신	22. 영원	23. 원근	24. 작별
25. 작금	26. 전선	27. 체급	28. 통신
29. 특사	30. 풍문	31. 합리	32. 형식
33. 화원	34. 있을 재	35. 모을 집	36. 친할 친
37. 다행 행	38. 누를 황	39. 한가지 공	40. 실과 과
41. 공 구	42. 급할 급	43. 짧을 단	44. 예도 례
45. 놓을 방	46. 병 병	47. 잃을 실	48. 차례 제
49. 통할 통	50. 나타날 현	51. 모양 형	52. 이름 호
53. 열 개	54. 공 공	55. 집 당	56. 火山
57. 立春	58. 生水	59. 午時	60. 市外
61. 洞長	62. 地方	63. 人夫	64. 直前
65. 三面	66. 場所	67. 後面	68. 命中
69. 天下	70. 立冬	71. 正直	72. 靑春
73. 學校	74. 休火山	75. 山林	76. ① 今
77. ① 合	78. ② 體	79. ③ 式	80. ④ 區
81. ④ 樂	82. ① 別	83. ⑥ 省	84. ③ 石
85. ④ 省	86. ① 所聞	87. ⑤ 遠近	
88. ⑦ 일곱 번째	89. ⑧ 여덟 번째	90. ② 두 번째	

01회 모의 한자능력검정시험 6급-3권 답안지(1) (시험시간:50분)

번호	정답	1검	2검	번호	정답	1검	2검	번호	정답	1검	2검
	답안란	채점란			답안란	채점란			답안란	채점란	
1				15				29			
2				16				30			
3				17				31			
4				18				32			
5				19				33			
6				20				34			
7				21				35			
8				22				36			
9				23				37			
10				24				38			
11				25				39			
12				26				40			
13				27				41			
14				28				42			

감독위원	채점위원(1)		채점위원(2)		채점위원(3)	
(서명)	(득점)	(서명)	(득점)	(서명)	(득점)	(서명)

※ 뒷면으로 이어짐

01회 모의 한자능력검정시험 6급-3권 답안지(2)

번호	정답	1검	2검	번호	정답	1검	2검	번호		1검	2검
43				59				75			
44				60				76			
45				61				77			
46				62				78			
47				63				79			
48				64				80			
49				65				81			
50				66				82			
51				67				83			
52				68				84			
53				69				85			
54				70				86			
55				71				87			
56				72				88			
57				73				89			
58				74				90			

02회 모의 한자능력검정시험 6급-3권 답안지(1) (시험시간:50분)

번호	정답	1검	2검	번호	정답	1검	2검	번호	정답	1검	2검
1				15				29			
2				16				30			
3				17				31			
4				18				32			
5				19				33			
6				20				34			
7				21				35			
8				22				36			
9				23				37			
10				24				38			
11				25				39			
12				26				40			
13				27				41			
14				28				42			

감독위원	채점위원(1)		채점위원(2)		채점위원(3)	
(서명)	(득점)	(서명)	(득점)	(서명)	(득점)	(서명)

※ 뒷면으로 이어짐

02회 모의 한자능력검정시험 6급-3권 답안지(2)

답안란		채점란		답안란		채점란		답안란		채점란	
번호	정답	1검	2검	번호	정답	1검	2검	번호		1검	2검
43				59				75			
44				60				76			
45				61				77			
46				62				78			
47				63				79			
48				64				80			
49				65				81			
50				66				82			
51				67				83			
52				68				84			
53				69				85			
54				70				86			
55				71				87			
56				72				88			
57				73				89			
58				74				90			

衣
옷 의

表
겉 표

遠
멀 원

園
동산 원

線
줄 선

孫
손자 손

合
합할 합

會
모일 회

今
이제 금

區
구분할 구

京
서울 경

高
높을 고

向
향할 향

堂
집 당

席
자리 석

度
법도 도

社
모일 사

神
귀신 신

禮
예도 례

體
몸 체

代
대신할 대

式
법 식

成
이룰 성

感
느낄 감

戰
싸움 전

勝
이길 승

分
나눌 분

別
나눌 별

幸
다행 행

形
모양 형

用
쓸 용

通
통할 통

勇
날랠 용

功
공 공

強
강할 강

第
차례 제

放
놓을 방

族
겨레 족

業
업 업

對
대할 대

聞
들을 문

開
열 개

待
기다릴 대

特
특별할 특

等
무리 등

運
옮길 운

省
살필 성

消
사라질 소

樂
즐길 락

藥
약 약

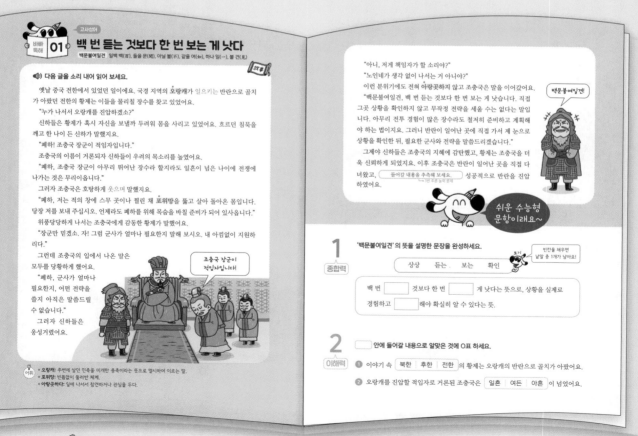

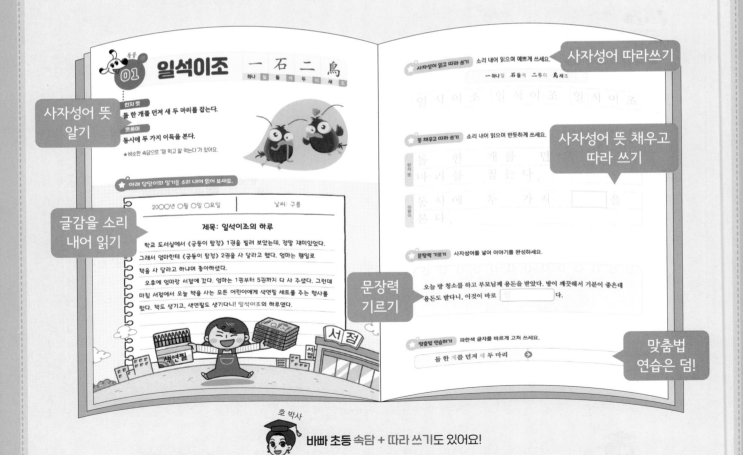

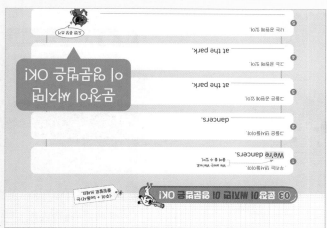

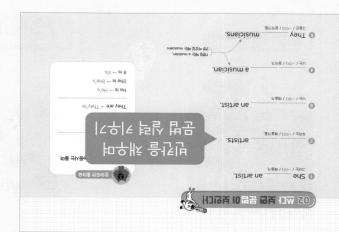

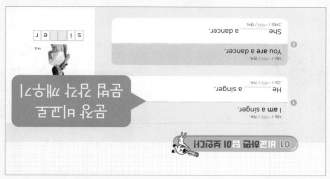

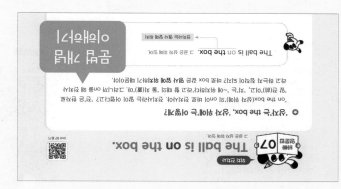